笑いのPDCAを回そう！

＼＼ 笑談満載！ ／／

働く方・働く場改革

人と職場を活性化する

# 笑談力・考動力

〜笑いをうむ19《いっきゅう》のワザ〜

川堀 泰史

ビジネス教育出版社

# はじめに

## 笑談1 「キョウイク」「キョウヨウ」

「会社を卒業したら大切なのはキョウイク、キョウヨウだよ」。そろそろ定年退職が見えてきたころに、ある同期から貴重な助言をもらいました。私はてっきり大学などの教育（キョウイク）機関で社会人セミナーなどを受講し教養（キョウヨウ）を身につけることだと思いました。が同期が言った「キョウイク」「キョウヨウ」は「今日行くところがあるか」「今日用があるか」でした。

定年後の自由な時間に流されていると、さして行くところ、やることもなく毎日が過ぎていく。結局「小人閑居して不善をなす」となりかねない。ならば定年後の第二の人生でキョウイク、キョウヨウに困らないように、明るく楽しく過ごせた会社人生を振り返るとともに、今後の活動の指針となるような書籍をまとめてみようと考えたわけです。

２０１６年3月に42年の長きに亘った会社生活が「終わった人」になったのを記念して、同年7月にビジネス教育出版社より「明日使える仕事術　笑談力～思わず微笑むダジャレ１０８選～」という書籍を刊行しました。同書は「山あり谷あり」ではありましたが、ダジャレやジョークを飛ばしながら概ね「明るく、元気に、前向きに」楽しく過ごせたわが会社人生を振り返った「私の履歴書」です。と同時に第二の人生も笑いながら明るく楽しく生きていく「終わっていない人」である私にとっては、自分の進むべき道を示した指針でもあります。

お蔭様で読んでいただいた方からは「思わず笑ってしまったが仕事に欠かせないユーモア、笑いを学べるビジネス書だと思った」「笑いのコミュニケーションの重要性がよくわかった」「明るい気分になり仕事のモチベーションが上がった」「職場を明るくする仕掛けが何となくわかった」などの過分な評価をいただきました。

一方で、私の普段の言動をよく知る人からは「まだ言い足りない、書き足りない面白い話がかなりあるのでは」「ＰＤＣＡを回して笑いを進化させると言っていた手法が書かれていない」「笑いを進化（深化）させる過程で考えたというマニュアル人間を脱出できる考動（こうどう）力についてふれていない」などの指摘をいただきました。

拙著が刊行されたちょうどその頃からでしょうか。一億総活躍社会を目指し適正な労働時間、多様な選択肢の中で働き、会社はそれに見合った対価を支払い、従業員は報酬を得るように改善するなどの「働き方改革」が叫ばれ始めました。今やそれは国が主導するアジェンダとなり、会社が取り組まなければならない喫緊の経営課題となっています。長時間労働の改善や同一労働同一賃金など、わが国の企業には「労働負担のかからない適正な働き方」「労働生産性の向上」などが強く求められています。

もちろん負担となっていた労働環境が働き方改革によって改善されれば、重くのしかかっていた暗い部分はかなり解消されるかもしれません。しかしそうした働き方改革が進めばやる気に溢れたイキイキと楽しく働く社員が大勢いる、明るく活性化された職場になるのでしょうか。そこで働く方々の人間関係、職場の雰囲気などのすべてがそれで明るく、活性化されることは期待できません。そこには働き方改革で環境を整えるのと並行して、そこで働く方々のコミュニケーションをより円滑にして明るく楽しくモチベーションのあがる、職場の空気を変える「働く方改革」「働く場改革」の仕掛けが必要となります。

働く方、働く場を明るく楽しく、コミュニケーションが円滑になるように改革する、職場の空気を変えるには笑いが欠かせません。そして笑いを演出するにはそれなりの準備、ワザが必要です。本書では働く方、働く場が明るく楽しくなるように改革、活性化する意義や効果、ワザ、手法、考え方などを各章で紹介します。

そして随所に私が実際に笑いを引き起こしたり、笑ったりした具体例を「笑談」としてケーススタディーのように盛り込んでいます。

堅物だった私が、オモシロトップセールスマンとして笑談で商談を成功に導けるようになった経験を本書にしたためました。読みモノとしてもビジネス書としても楽しんでいただければ幸いです。

まず第1章では「働き方改革」のポイントや「働きやすさ」が企業にとっての価値を高めることを解説します。そうした中で笑いのコミュニケーションが働く方、働く場を明るく活性化する、職場の空気を変えることの効果などについて考えます。働く方々にダジャレなどによる笑いのコミュニケーションがあれば、仕事へのモチベーションが上がることは調査結果でも明らかになっています。

ＩＴ技術の進歩、インターネットの普及などで今や直接顔を合わさなくてもメールなどで情報交換ができるようになっていますが、それだけ人との交流、縁が希薄になっている時代でもあります。今こそ面と向かって心を開ける笑いのコミュニケーションが求められている時です。

笑いのコミュニケーションを取れる人はリーダーとなれる資質があります。働く方、働く場を笑いで明るくしようという取り組みは周りに気配り、目配りし思いやる心がなければできません。人や場に対してこうした取り組みができる人は組織のリーダーに他なりません。まさにこれは企業が求めている人材と言えるでしょう。働く方が周りを想い、人を笑わせるといった利他的な行為は健康的な生き方につながることは脳科学の分野でも証明されています。人は他人を想うことによってオキシトシンやベーターエンドルフィンといった脳内物質が分泌され、集中力が増し前向きに物事に取り組めるようになるそうです。

私は職場を明るくするＬＥＤ運動の推進を提唱しています。これはLaugh Esprit Dajareの略です。その場で機知に富んだダジャレを率先して言うことで働く方、働く場を明るくしようという試みです。この取り組みについても紹介します。

第2章、第3章では働く方、働く場を明るくする、笑いをうむワザを19に分けて解説します。第2章ではまずは笑いを引き起こすポイントについて紹介します。そして笑いをうむ19のワザのうちの1から9について解説します。第3章では残りの10から19について取り上げます。19のワザは、筆者が実際に実践してきた中から選択したワザに加え、この仕掛けをすれば笑いが起きるに違いないという想定ワザまでを含んでいます。

第2章の中の代表的なワザを少し紹介すると「意外性、落差で〝笑エネ発伝〟」「ダジャレは瞬間〝愉〟沸かし機」「笑いのとれる失敗談」「下ネタ注意報—適度に落ちる話」「時事ネタで〝じじい〟〝ネタ？〟」などです。第3章では「アメリカ大統領のジョークに学べ」「川柳の世界」「小道具を使う」「個人情報注意報」「かわいさに癒されて笑う」などを紹介しています。

「19のワザ」としたのは私の尊敬する、頭の回転が速く機知に富んだ笑いで人や場、時代を魅了し自在に生きた一休(19)さんにあやかりたいと思ったからです。第3章の19番目に取り上げた笑いをうむワザはこの一休さんに学ぶものです。一休さんの笑いは一級です。一休さんは今から600年も前に私の提唱するLED運動を実践されていた方です。

第4章では第2章で取り上げた瞬間〝愉〟沸かし機であるダジャレの威力についてさらに深掘りします。私は2017年10~12月にSchoo(スクー)が運営するインターネット生放送授業で「一瞬で相手を笑顔にするダジャレコミュニケーション術」と題したビジネスダジャレ講座を担当しました。さまざまなビジネスシーンを想定し、そこで有効なダジャレのワザを5回シリーズで講義しました。受講生とのダジャレによる交流もあり私自身が改めてダジャレの威力、効果を学んだ機会でもありました。

「挨拶、自己紹介で使えるダジャレコミュニケーション術」「営業で使えるダジャレコミュニケーション術」「会議、ミーティングで使えるダジャレコミュニケーション術」などこの講座をベースに、ビジネスシーンで使えるダジャレコミュニケーション術を解説します。ウケるダジャレ創作のポイント、留意点についても取り上げます。

第5章では、やはり第2章で取り上げた「笑いのとれる失敗」について取り上げ、失敗談の面白さをさらに追求します。拙著「笑談力」でも「失敗の履歴書」として笑い話に進化(深化)した筆者の失敗談をご披露しましたが、実はまだまだ紹介しきれていない数々の面白い失敗談、ネタが残っていました。今度こそ洗いざらい、懺悔（ざんげ）の念も込めて取り上げます。許されそうな範囲内で笑える他人（だれかさん）の失敗談についてもご紹介します。

第６章ではＰＤＣＡを回して笑いの精度を高める手法について取り上げます。ＰＤＣＡを回して自分が変身した経緯や笑いの進化について解説します。人が笑ってくれるダジャレやジョークは一朝一夕にはできません。私も人前でダジャレやジョークを発したものの全くウケず、何度もすべって寒い思いをしました。しかしそこであきらめては人が笑ってくれる、ウケるネタはできません。どこがダメだったのか、ネタや自分を厳しく評価（Check）し、それを修正・改善（Action）するという作業を何度も繰り返して、初めて面白いネタに進化していくのです。笑いに磨きをかける取り組みです。

笑いのＰＤＣＡを回していくうちに、人は何よりも「考え動くこと」＝「考動力」が重要であることに気づきました。自分なりに考動力を「ＰＤＣＡをさらに深化させた取り組み」として位置づけて実践してみました。準備を整え、筋道を立て、考え動いていくと、他にはない自分独自のネタが仕上がっていくことが解りました。笑いのネタ作りにだけではなく企画の推進などの仕事にも考動力が生かせました。自らが考え動くこと＝考動力はマニュアル人間脱出にとって必要な知恵を生みます。知恵とは「筋道を立て、計画し、正しく処理していく能力」ですがこれはまさに考動力です。独断の私案かもしれませんが、この考動力を構成する数々の取り組み

(カ)についても取り上げます。

読者の皆さんの勤務先は「朝起きたら楽しいから行きたくなる明るい職場」になっているでしょうか。ぜひ本書を参考に働く方、働く場が笑いで明るく楽しく活性化され、職場の空気が変わるように取り組んでみてください。本書が読者の皆さんの笑いのコミュニケーション、ビジネスユーモアの実践に少しでもお役に立てればこの上ない喜びです。

笑談満載！ 笑いのPDCAを回そう！

# 働く方・働く場改革 人と職場を活性化する笑談力・考動力

～笑いをうむ19《いっきゅう》のワザ～

## 目次

## 第2章 笑いをうむ19のワザⅠ



## 第3章 笑いをうむ19のワザⅡ

## 第4章 ビジネスで使えるダジャレコミュニケーション術

第5章
# 失敗談が面白い



第6章
# 笑いのPDCAを回し考動力をつける

# 第1章

# 職場で笑う

# 1. 笑いは人と職場を明るくする

## (1) 待ったなしの働き方改革

女性やお年寄りを含めたすべての日本人が活躍できる社会である一億総活躍社会を目指し、重要施策として「働き方改革」が進んでいます。様々な分野において施策や改善案が提案されていますが、有名どころでは長時間労働を是正するための「残業時間の上限設定」「有給休暇の取得の義務化」「名ばかり管理職の否定」などでしょうか。

国の施策はどれも労働者を長時間、会社に縛り付けることをやめさせようといった、いわば物理的な分野での働き方改革を推進しています。もちろんこれらも重要で、プライベートの時間を犠牲にせざるをえなかった労働者にとっては、自分達の口からは言い出せずにいたことを国が強制的にリードして改善してくれるわけですから、大きな障害や悩みが取り除かれる取り組みと言えます。

長時間労働や悪い職場環境は、心身ともに追い詰め、精神的な領域にまで悪さをしてしまうので早急に改善が求められます。かつての「24時間働ける、モーレツ社員」はもう望まれていません。

いくら働く方個人が笑いの仕掛け、努力で働く場を明るく楽しく改革し職場の空気を変えようとしても、物理的に長時間労働などの労働負荷がかかりゆとりなく仕事に追われていれば、笑いのコミュニケーションなど二の次になります。そんな切羽詰まっている状況の中でダジャレやジョークを飛ばそうものなら「何をこの忙しい時にふざけているのだ」とひんしゅくを買うことになりかねません。結局、働く方、働く場は重たく暗い雰囲気から抜け出せず、黙って下を向く従業員が多くなりあきらめの境地、負のスパイラルに陥ってしまいます。働き方改革でまずは物理的に労働負荷が軽減され、働きやすい環境が整えられていくことが重要です。

さて、それでは労働時間を減らすといった物理的な問題を解決すれば、一億総活躍社会になるのでしょうか?私は違うと思います。

一億総活躍社会を実現するためには、国の施策では解決できない問題＝精神面、コミュニケーション面の課題解決も求められます。上司や取引先からの無理難題、重くのしかかるノルマ、ミスのなすり付け合いや手柄の取り合いといった「職場の悪い雰囲気」がツライという方も多いはずです。

また、笑いのないギスギスした雰囲気を変えたいけれども、どうすればいいのか分からないといったマネージャーのため息も各方面から聞こえてきます。

本書では「働きやすい・働きがいのある職場づくり」を物理的な取り組みで進めると同時に、精神・コミュニケーション面からも進めていく重要性に焦点を当てていきます。

## （2）「働きやすさ」が会社の価値を高める

働きやすい、働きがいのある職場が物理的にも、精神・コミュニケーション面でも整備されれば社員のやる気、モチベーションはアップし仕事にも力が入り、ひいては会社全体の生産性向上につながります。それは厚生労働省が２０１４年に発表した「働きやすい・働きがいのある職場づくりに関する調査報告書」を見ても明らかです。職場が「働きやすい」と答えた人と、「働きやすくない」と答えた人とでは生産性向上を左右する項目でははっきりとした回答の差が出ています。

例えば「仕事に対する意欲が『高い』または『どちらかといえば高い』」と回答した人の割合は、「働きやすい」と感じているグループでは72・2％なのに対して、「働きやすくない」と感じているグループでは31・3％と大きな開きになっています。これだけ仕事に対する意欲に差が出れば、生産性の高さにも当然大きな差が出ることでしょう。

「今の会社でずっと働き続けたい」と回答した人の割合は、「働きやすい」グループが44・4％

なのに比べ、「働きやすくない」グループでは10・4%とかなり低くなっています。「働きやすくない」と感じているグループの中には絶えずチャンスがあれば退職、転職したいと考えている人が多いのかもしれません。そんな従業員ばかりでは生産性向上など望むべくもありません。「働きやすさ」が会社への定着率と生産性を高めているとも言えます。

「会社の業績が『上がっている』または『どちらかといえば上がっている』」と答えた人の割合は、「働きやすい」グループが44・8%なのに対して、「働きやすくない」グループでは30・6%。「働きやすい」会社は生産性が上がる分だけ業績も向上し、従業員もそれを注目し実感しながら仕事をしているのではないでしょうか（図1）。

それでは「働きやすさ」を左右している要因とは何なのでしょうか。もちろん適切な労働時間などの物理的な労働環境が整えられることが重要ですが、それ以外にも大切なことがあります。人事評価制度や人材育成制度がしっかりとしており従業員を大事にしている会社と感じられることも重要でしょう。また手当や休暇などの福利厚生が充実していることも肝心です。そして会社が経営方針や経営計画をしっかりと打ち出し従業員が目指す目標、ゴールがきちんと見えていることも必要でしょう。

それにもまして大切なのは「職場の人間関係、雰囲気が良好である」ことです。上司や先輩、同僚などとの人間関係が良好でコミュニケーションが円滑な職場は風通しも良く、皆がイキイ

## 働きやすい職場とは?
## 社員の生産性を最大化させる職場の3つの特徴
（図1）

仕事に対する意欲が「高い」または
「どちらかといえば高い」と回答した割合

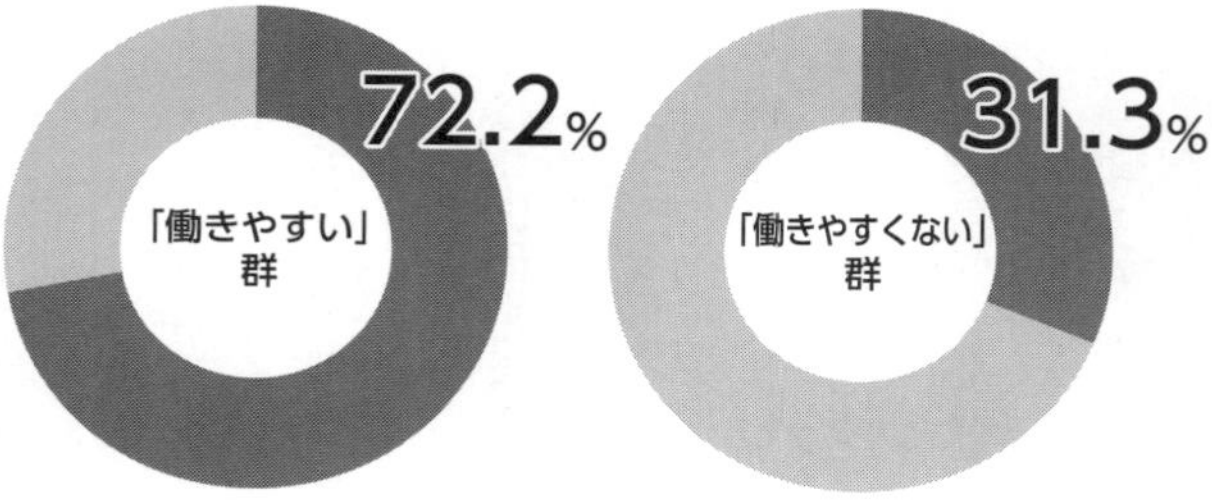


「今の会社でずっと働き続けたい」と回答した割合

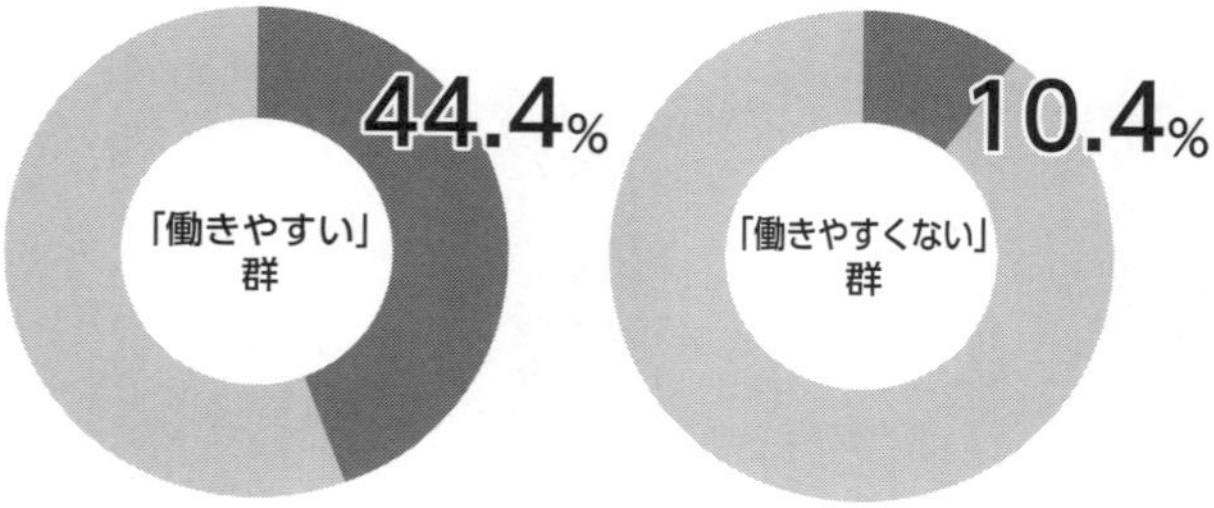


会社の業績が「上がっている」または
「どちらかといえば上がっている」と回答した割合

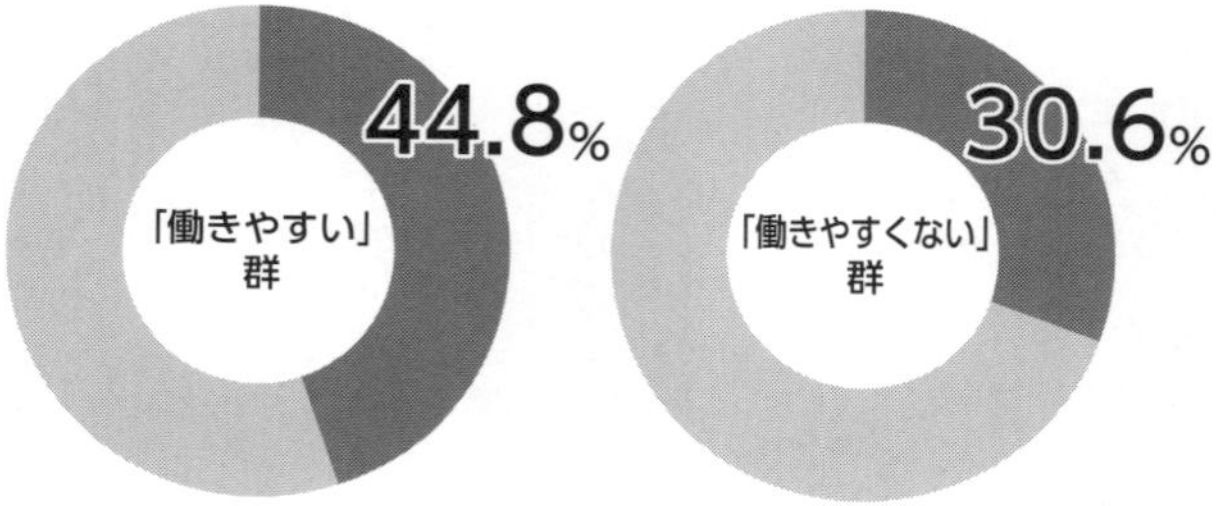


※参考：厚生労働省職業安定局「働きやすい・働きがいのある職場づくりに関する調査報告書」

キと明るく楽しく働けるはずです。職場の空気がよく日ごろからコミュニケーションがよく取れていればなんでも気軽に相談できるので、情報の伝達、報告などをしにくいこともありません。若手社員も上司にスムーズに報告・連絡・相談ができていると推測できます。そんな会社、職場なら生産性も高く業績も良好なはずです。

２０１８年1月5日付け日本経済新聞朝刊社説でも「直属の上司とのコミュニケーションの多い職場ほど、若手の熱意が高いという結果が出ている。どんな人間を管理職に起用すれば職場が活気づくのか。経営者や事業責任者は十分な目配りをしてほしい。それこそが企業の盛衰を決めるカギかもしれない」と指摘しています。

厚生労働省では２０１６年から「働きやすく生産性の高い企業・職場表彰」を実施しています。この表彰のねらいは次のようになります。人口減少下においても力強い成長を実現させるためには、労働者一人ひとりの労働生産性の向上を通じて「生産性革命」を図るとともに安心して働き続けられる職場づくり、雇用管理の改善（希望出生率1・8や介護離職ゼロなど）を強力に推進する必要があるため、双方を両立させ他の規範となるような取り組みを行っている企業等を表彰することです。と同時に優れた取り組み事例を収集しポータルサイト等で広く啓発・周知していくことで企業の取り組みを促進することも目的としています。

審査基準は①経営理念（方針・展開）②労働生産性の向上（付加価値向上と効率化）③雇用管理

の改善（働きやすい・働きがいのある職場づくり）④組織成果（組織への好影響）の4点になります。このうち③の雇用管理の改善では「労使コミュニケーションの円滑化に取り組んでいるか」が評価基準のひとつになっています。

私は２０１８年2月に東京で開催された第2回「２０１７働きやすく生産性の高い企業・職場表彰」の表彰式・シンポジウムに参加しました。そこでこの表彰事業の作業部会長で法政大学経営大学院イノベーション・マネジメント研究科・教授の藤村博之氏の審査の所感に接しましたが、それが「働き方改革に不可欠の『働きやすい職場環境の整備』と『生産性向上の取り組み』に何が重要か」を端的に指摘した内容になっていますので、ちょっと長くなりますが抜粋を以下に紹介します。また同氏の所感では「自分の頭で考えて課題解決に取り組む」重要性について述べていますが、これは私が本書の第6章で紹介する「考動力」に通じるものだと思います。その部分についても取り上げます。

「今回の審査過程で、優れた取組を行っている企業には、３つの共通する特徴が見いだされた。１つ目は、自分たちの頭で考えて、業務の抜本的な見直しを行っていることである。今の自分たちの仕事に無駄はないか、この仕事は誰の役に立っているのかなど、視点を変えて業務を見直すことによって無駄が見えてくる。こうした改善活動の取組は、多くの企業で行われているが、徹底して行われているところは多くない。それは、華々しい成果が見えにくい、地道な作業だからである。しかし、この地道な作業をやり続けることでしか、本当の成果は生まれない。

―中略―

人事関連の課題に『打ち出の小槌』はない。自社の状況をていねいに分析し、何が問題の本質かを確定し、自分たちの頭で解決策を考え、実行することでしか問題は解決しない。今回の受賞企業は、社内の資源を活用して、地に足のついた活動を行っていた。

2つ目の特徴は、人材育成に熱心に取り組んでいることである。『人は企業の財産』と言う社長は多いが、本気で人材育成をしている企業は多くない。それは、投資をした金額に見合う収益が確保できるかどうかがわかりにくいからである。企業業績が悪化したとき、真っ先に削減の対象となるのが教育費という事実を見ても、継続的に人材育成に取り組むことの難しさがわかる。

今回の受賞企業の中には、人材育成に熱心に取り組んでいるところが多かった。目先の費用対効果を追うのではなく、人を育てることが生産性の向上につながり、企業業績を押し上げることを社長が信念として持っている。その結果として、生産性に良い結果を生んでいることが確認できた。生産性向上には、社員の創意工夫が欠かせない。創意工夫を促進するのは社員教育である。人を育てることの大切さは、強調しても強調しすぎることはない。

３つ目は、企業と社員の間に信頼関係があることである。社員は自分の仕事に誇りを持ち、職場の仲間と一緒に困難な課題を達成していくことに喜びを感じている。企業は、そのような社員を大切にし、企業競争力の源泉はヒトにあることを経営者が強く心に思っている。会社が好きで自らの仕事や働いている仲間に誇りを感じるというのは、企業の財産であり職場の強みである。組織や仕事に対する思い入れが強いからこそ、恥ずかしい仕事はしたくないという気持ちになり、作業工程の見直しや改善につながる例も見られた。さらに付言すれば、労使間の情報交換や意見具申の機会も重要である。労使間のコミュニケーションの充実は、働きやすい職場環境の整備と労使の信頼関係をはかるバロメータである。

以上３つの特徴に共通するキーワードがヒトである。企業にとって働きやすく生産性が高い環境を整備する取組はヒトの働きがいや能力を高め、付加価値を産み出す環境を整備することと同義であることがわかった。」（２０１７働きやすく生産性の高い企業・職場表彰　表彰式・シンポジウム資料より）

私にとってはこの藤村作業部会長の所感にふれただけでも同表彰・シンポジウムに参加した意義がありましたが、「働きやすく生産性の高い」企業を選ぶ評価基準に「労使コミュニケーションの円滑化に取り組んでいるか」が盛り込まれていることが確認できたことも有意義でした。受賞した企業の取り組みはそれぞれに素晴らしいものがありましたが、「労使コミュニケーション」に関しては部署ごとで社員同士の交流を深め、何でも相談できる雰囲気づくりに注力しているところが多く見受けられました。中には全社を挙げての生産性向上運動の理解浸透を図るために、社員川柳を募集した企業もありました。思わず笑ってしまう川柳も多く、楽しみながら運動の浸透を図れるというユニークで効果的な取り組み、コミュニケーションの取り方が注目されました。

このように「働きやすさ」を感じられることは今や企業、従業員にとっては極めて重要なファクターになっています。

日本経済新聞社は2017年12月に上場企業・有力非上場企業602社を「働きやすさ」の視点で格付けした「スマートワーク経営調査」をまとめました。格付け上位40社が、同期に過去最高の純利益を見込んでおり「働きやすさ」が収益に直結していることが明らかになりました。また人手不足が深刻になるなか、社員の生産性を高める働き方改革が急務になっていることもはっきりしました。今や「働きやすさ」が企業の成長・価値向上のカギを握っていると言っても過言ではありません。

## （３）笑いでモチベーションアップ

このように「働きやすさ」が会社の価値を高める大きな要因、評価指標になってきているわけですが、それでは長時間労働の改善、非正規社員と正社員との格差、労働人口不足（高齢者の就労促進）といった働き方改革における物理的な課題が克服されれば、どの職場も働きやすい、楽しく、イキイキと働く社員が溢れる、明るい活気ある職場になるのでしょうか。

そもそも「明るい」というのはどういう状態なのでしょうか。「明るい」という言葉の意味を辞書で調べてみると①光が十分にあり、また光が強く差して、物が良く見える状態②将来などに希望や喜びが持てる状態③性格や表情・雰囲気などが朗らかである。陽気、明朗④公明正大で後ろ暗いところがない⑤色が澄んで華やか⑥その物事・方面によく通じている。経験が豊富―とあります。人や職場の「明るさ」についてもどれもが当てはまるような気がします。一言で言えば「職場の空気がいい」ということでしょう。

皆さんの勤務先は「朝起きたら、明るく楽しいから行きたくなる会社、職場」になっているでしょうか。私はある会社の責任者をしている時に、ライフネット生命保険の創業者で２０１８年１月から立命館アジア太平洋大学（ＡＰＵ）の学長を務められている出口治明氏からそうした内容の講演を聞く機会がありました。同氏がそのような話をされた時に自分を含め、会社、職場がそうなっているかどうかを自問しました。「朝起きたら、行きたくない会社、職場」ならばその原因を探ることも大事ですが、どうしたら「朝起きたら、明るく楽しいから行きたくなる会社、職場」になるかを考えました。

それまでも私の姿勢として「明るく楽しい職場」を目指して、従業員の皆さんとの交流の中で日々努力はしていましたが、それでも「朝起きたら行きたくなる会社」にまでなっているかどうかは疑問でした。それから会社の責任者として残された任期はわずかでしたが、「朝起きたら、明るく楽しいから行きたくなる会社、職場」を目指して、従業員の皆さんとの笑いのコミュニケーションをとることに一段と励んだことをよく覚えています。

### 笑談2▼挨拶

例えば朝の出勤時にエレベーターの中で社員と一緒になった時にも「おはようサン・シャイン（社員）サン。今日はいい天気ですね」とかエレベーターの行先ボタンを押しながら「視界（4階）に入らず5階（誤解）を押しました」とか挨拶代わりのダジャレを積極的に飛ばしました。エレベーターで一緒になってしまった社員の方にはいい迷惑だったかもしれませんが、笑ってくれてはいたので、ユーモアの交流はできたような気がします。

活性化された職場の実現には物理的な労働環境が改善されるとともに、上司や同僚、部下など、そこで働く従業員同士の精神面の交流、コミュニケーションが円滑であるかどうかが重要です。コミュニケーションがうまく行っているかどうか、職場の空気がいいかどうかは職場に明るい笑いが起きているかどうかでわかります。悩みや不安、不満を抱えた従業員が大勢いる職場には明るい笑顔はありません。笑いのない暗い職場より、遠慮なく笑えて明るい職場のほうが、当然のことながら仕事の効率も上がり生産性も向上します。

拙著「笑談力」でも紹介しましたが、宅配ピザ大手のドミノ・ピザ・ジャパンの調査では「会社（職場）で笑いが起きると仕事のやる気がアップする」と答えた人は約7割にも及びました。さらにその人たちに「どのぐらいアップするか」を聞くと、平均で33・7％アップしているということでした。職場で起きる笑いが仕事へのやる気、モチベーションを上げ、仕事の効率も上げる潤滑油となっているわけです。

## （4）時代が笑いを求めている

人間は赤ちゃんの時には1日に300～400回は笑うそうですが、大人になるとそれが1日5～15回程度に減ってしまうという話を聞いたことがあります。確かに私の2歳を過ぎた孫を見ていても1日に数えきれないぐらい笑い、いい笑顔で親や祖父母を喜ばせてくれます。赤ちゃんの無垢な笑顔に接するたびに「人は本来的に、純粋に笑える資質を持っているのだ」と思わされます。

アメリカの心理学者・哲学者のウィリアム・ジェームズは「人は幸せだから笑うのではなく、笑うから幸せなのだ」と言いました。フランスの「幸福論」の著者で哲学者・評論家のアラン（エミール＝オーギュスト・シャルティエ）も同じように「幸福だから笑うのではなく、笑うから幸福なのだ」と述べています。二人とも人間が持つこうした本来の資質を的確に表現しています。

それがやがて社会の荒波にもまれ、ストレスの溜まる笑えない場面を数多く経験していくうちに、いつしか笑顔の数は反比例するように減っていくのでしょう。ましてやインターネットの普及で、人と人が面と向かわなくてもメールなどで情報交換ができ1日が過ぎて行ってしまうような世の中では、直接的な会話で喜怒哀楽を表現する機会は少なくなっているように感じます。

なかには隣の人同士やすぐ近くにいる従業員同士が、直接ではなくメールでのやり取りで済ませているケースもあります。面と向かった会話、交流の中で笑える場面に遭遇できれば、人間が本来持っている資質は開花し、心底からの笑いを体験でき、幸せな気分になれるはずなのですが。

ＩＴ技術の進歩で、だれもがスマホやパソコンなどの情報機器を操作して表面的には多くの人と情報交換・伝達を容易にできるような社会になってきているだけに、かえって直接的に深いコミュニケーションが取れる「笑い」が注目されている気がします。２０１７～２０１８年にかけてＮＨＫの朝の連続テレビ小説で「わろてんか」が放送されたのも「笑うことの重要性」を再認識させる機会でした。私もついつい引き込まれて朝の時間に「わろてんか」を見続けましたが、さまざまな苦難を乗り越えながら「笑い」「笑顔」を忘れずに、それを商いにまで発展させていった主人公の生きざまを見て心惹かれるものがありました。

私は２０１７年春に実に50数年ぶりに開催された小学校の同級会に出席し、そこで私の笑いの持ち味、朗らかさを認めて伸ばしてくれた尊敬する担任の先生にお目にかかりました。ご高齢ながらとてもお元気な様子で、拙著「笑談力」を進呈するととても喜んでくれました。２０１８年の先生の年賀状には「あなたの『笑談力』を読ませていただき、同級会でお話をうかがい、ＮＨＫの『わろてんか』をみるにつけ、これは今日的な『時代のテーマ』なんだと思うようになりました」と書かれていました。

現代社会、今の時代を生きる人々を見つめる臨済宗の僧侶で小説家の玄侑宗久氏も「面白いから笑うのではなく、笑うから面白くなってくる。人間は笑っていると嬉しくなってくるし、泣いていると悲しくなってくる」と言われています。

## 2. 笑いはリーダーを育成する

### (1) リーダーの条件

成長を続ける会社には優れたリーダーがいます。優れたリーダーがいるから会社は成長し、成長する会社が優れたリーダーを育てているのかもしれません。成長するよい会社にはよいリーダーがそこかしこに大勢います。ではどんな資質を持った人が優れたリーダーと言えるのでしょうか。リーダーについて論じれば人それぞれにさまざまな捉え方があり、それだけで一冊の本ができてしまいそうです。

私は自分も含めて多くのリーダーに接してきましたが、優れたリーダーには知恵があります。「はじめに」のところでもふれましたが、知恵とは「筋道を立て、計画し、正しく処理していく能力」です。会社の経営や業務に携わっていれば日々、さまざまな課題が押し寄せてきます。それを正面から受け止め、臨機応変に知恵を持って対処していくのがリーダーです。課題を先送りにしたり逃げたりするのはリーダーではありません。ほとんどの課題、難問には最適な回答を示してくれるマニュアルなどはありません。自分の頭で考え対応していくしかありません。

この章の1―(2)で「働きやすく生産性の高い企業・職場表彰」の藤村作業部会長の審査の所感を紹介しましたが「優れた取組を行っている企業は、自分たちの頭で考えて、業務の抜本的見直しを行っている」との指摘がありました。また人事関連の課題についても「自社の状況をていねいに分析し、何が問題の本質かを確定し、自分たちの頭で解決策を考え、実行することでしか問題は解決しない」とも述べられています。

まさにこの「自分たちの頭で考えて課題解決にあたる」ことが重要なのです。だれかの指示やマニュアルを頼るのではなく「自分の頭で考え動く」ことができる。私はそれをできるのがリーダーだと思います。受賞企業にはそうしたリーダーが各職場におり、それが全社的な力、成果となって表れたからこそ、表彰される優れた企業と評価されたのだと確信します。

サントリーホールディングスの新浪剛史社長も日本経済新聞夕刊の「私のリーダー論」(2018年4月5日付)の中で「考えて動ける人材が育たなければだめ」と語っています。また同氏は「人材こそが会社の命。人材育成がリーダーの最大の仕事」とも言っています。

この「知恵を持って自分の頭で考え動くこと」を私は「考動力」と定義しています。考動力は知恵そのものです。ではどうすればその考動力=知恵を身につけられるのか。それについては第6章で私なりの考え方を詳しく紹介します。

## (2) 脳科学の証明

私はリーダーの条件としてはこの「知恵＝考動力」を備えているかを第一にあげますが、さらに言うならば「周りのこと・人を想えるか」も大事な要件として考えています。これは「筋道を立て、計画する」行為の中に含まれるとも言えるので知恵の範ちゅうかもしれませんが、あえて別に述べたいと思います。

脳科学者の中野信子氏の著書を拝読していると「配慮範囲」という言葉が出てきます。これは自分が配慮することができる、思いを馳せられること・人の範囲です。「配慮範囲が狭い人」は自分の身近なこと・人しか思えず、「配慮範囲の広い人」はヨコ軸の関係性やタテ軸の時代性においても、自分から離れた距離のこと・人までも思える人です。

ある研究では「配慮範囲の狭い利己的な人」は、ある程度までは効率よく成果をあげられるものの、目先のことにとらわれて協力的な人間関係を築けないために、トータルでは幸福感の薄い、損出が多い人生となるそうです。一方、「配慮範囲の広い利他的な考えを持つ人」は、より良い人間関係を築けるため自分の周りに万全なネットワークをつくることができ、何かあれば周囲の人が助けてくれるので、幸福感の強い充実した人生を送ることができるそうです。

まさにこの「配慮範囲の広い利他的な考えを持つ人」こそ、リーダーにふさわしいと言えるでしょう。

釈迦やキリストは極めて配慮範囲が広く、それは地球や宇宙にまで及びます。ですから人類の救済というとてつもなく広がった配慮範囲になったのだと思います。釈迦やキリストのような人類を引っ張るリーダーとなるのは稀有なことですが、せめて自分の周りプラスαぐらいの配慮範囲は持ちたいものです。

私の亡くなった母親は「働くということはハタをラクにすることなのだよ」とよく言っていました。要は自分一人で働いているわけではなく、「周りの人のことを想い、周りの人への配慮があって、初めて自分が働けていることをわかるように」と言いたかったのだと思います。

中野氏は「人を想い、人を愛することで得られる恩恵」は極めて大きいと言います。人を想い、愛することで脳内にはオキシトシンというホルモン物質が分泌されるそうです。オキシトシンが分泌されると「幸福感」「癒し」「安心感」などを感じるほか、心身を活性化する働きもあるそうです。学習・記憶力も向上すると言います。オキシトシンは免疫力を高めるなど健康にもよい影響を及ぼします。同時に体に良くないコルチゾールなどの悪玉物質の分泌が抑制されるそうです。

他人や会社、社会全体の幸せを願うというポジティブな願いを抱くとベータ‐エンドルフィンという快感物質も分泌されます。これはオキシトシンと同様に脳を活性化させ、記憶力を増し集中力、免疫力を高めて、さまざまな病気を予防してくれる効果があるそうです。

マラソンなどで長い時間を走り続けていると、人によっては気分がとても高揚する「ランナーズ・ハイ」という現象を味わうそうです。これもベータ - エンドルフィンが脳内に分泌されるからだと言います。

同じように介護の現場でも看護師さんが献身的に患者さんなどをお世話していると、高揚感と多幸感を感じる場合があるという話を聞いたことがあります。これを「ヘルパーズ・ハイ」といいます。私の母は認知症になり介護施設で看護師さんにお世話になりましたが、献身的に尽くしてくれるその姿を見て「仕事とは言えとても大変なこと。使命感に燃えて対応してくれている」と思いましたが、ひょっとすると人に尽くすことで得られる高揚感や多幸感も感じていらしたのかもしれません。看護師さんでなくともだれかのためを想って心から尽くす利他行動は幸福感や快感をもたらしてくれるわけです。

人を笑わせてその場を和ませたりする行為も相手を想い、目配り、気配り、思いやりがなければなかなかできません。これはまさに利他的な配慮範囲の広い人の取り組みと言えます。自分にとらわれずに他人、周り、場を想い、笑いを引き起こすことはリーダーの行為に他なりません。

笑いを仕掛けられる人は配慮範囲の広い人（リーダー）と言えます。そして実は仕掛けた本人も、笑いを引き起こすことによって幸福感や快感を得られているような気がします。そういえば私もタイミングのいいダジャレなどのジョークがウケて笑いが起きた時には、「してやったり！」でなぜか自分も達成感や幸福感、満足を感じていたような気がします。この快感を味わうと、笑いの仕掛け、コミュニケーションが癖になりハマってしまうわけです。

仏教の教えの中に「無財の七施」があります。これはお金によるお布施＝財施をできなくても自分の身体を使ってできる布施のことで、そのなかのひとつに「和顔施」（わげんせ）があります。「和顔悦色施」（わげんえつじきせ）とも言います。これは、相手を思いやる柔和な笑顔でニコニコして人と接することです。お金の布施はなかなかできなくても自分の笑顔を施すことはだれにでもできそうです。しかし日々課題が起きてくるストレス社会の中においてはともするとしかめ面になりがち。笑顔で人に接するのは意外と難しいものです。まずはつくり笑いからでもいいそうです。笑顔から得られる効能は健康面も含めて自他共に数多くあるわけですから、ぜひ笑顔によるコミュニケーションを心がけたいものです。

せっかくですからご存知かもしれませんが、「和顔施」以外の「無財の七施」についても簡単に紹介します。いずれもリーダーが心得ておきたい姿勢です。「眼施」（げんせ）は、優しいまなざしで人に接すること。相手を思いやる気持ちで見つめればお互いが安心して打ち解け合うことができます。「言辞施」（ごんじせ）は、相手を思いやる優しい言葉で接することです。挨拶や感謝の言葉が大切です。「身施」（しんせ）は、自分の身体を使って奉仕する、自ら進んで自分の身体を動かして人に尽くすことです。「心施」（しんせ）は、人のために心配りをする、思いやりの精神です。「床座施」（しょうざせ）は、独り占めをせず、人に席や場所を譲る、分かち合う心です。「房舎施」（ぼうじゃせ）は、人を家に泊める、休息の場を提供するなど、おもてなしの心です。

お笑いの文化が根付いている大阪では「笑いと健康」というテーマを行政課題として捉えています。これは「わろてんか」を見てもそうですが関西、大阪にとって「笑い」は、身近なものとして親しまれ続けてきた「文化資源」とも言えるからです。「笑いを健康に役立てる」という取り組みを大阪から始め、全国に発信していく試みです。その一環で２００６年に「大阪発笑いのススメ　意外と知らない笑いの効用」という冊子を発行しました。

その冊子には大阪府立健康科学センターで行った、ストレスを感じると分泌されるホルモン（コルチゾールとクロモグラニンA）が落語鑑賞の前後でどう変化するかを調べたデータが紹介されています。調査結果ではコルチゾールは半数以上の人が減少し、クロモグラニンAは四分の三近くの人が減少したそうです。落語を鑑賞した多くの人のストレスが和らいだという結果です。コルチゾールの値は女性のほうが低くなり、また普段から落語をよく鑑賞している人や、大声を出して笑っている人のほうが下がったそうです。笑うことが健康増進に寄与していることが裏付けられたひとつの例です。

ストレスの解消に笑いが効果的だという結果は、ラットを使った実験でも得られています。

大阪発の笑いの本家本元である吉本興業が協力した健康についての研究では糖尿病に関するものもあります。これは中高年の糖尿病患者19人が参加して行われました。５００カロリーの食事を摂った後、１日目には糖尿病に関する単調な講義を受け、２日目には吉本興業の芸人による漫才を鑑賞して大笑いをしました。いずれの日も食事から2時間後に採血して、血糖値がどのぐらいあがったかを調べました。その結果は、単調な糖尿病に関する講義を聞いた日の食後血糖値は平均で１２３㎎／dlだったのに対して、大笑いした漫才を鑑賞した日は77㎎／dlの上昇だったそうです。漫才で大笑いした日は単調な講義をした日と比較して、食後血糖値の上昇が46㎎／dlも抑えられたということです。これにより「笑い」が糖尿病患者の食後血糖値の上昇を抑制する効果があることが明らかになりました。

さらにがん細胞などを殺す「ＮＫ（ナチュラルキラー）細胞」を調べたところ、漫才を鑑賞して大笑いした後はＮＫ細胞の働きがもともと低い人は高くなり、高すぎた人は低くなって、適正な状態に落ち着いたそうです。

これらの身体に良い変化は、笑うことで健康にとって良い遺伝子のスイッチが押され、遺伝子レベルでの変化が起きた結果だと言われています。

これもまた関西発のニュースですが、近畿大学、吉本興業、オムロン、NTT西日本は2017年2月に「笑い」が身体や心理状態に与える効果を検証する実証実験を「なんばグランド花月」(大阪市)で始めたという報道がありました。

これは以下のような取り組みです。健康な男女約20人を対象に、2週間に1回の間隔で吉本新喜劇や漫才を鑑賞してもらい、鑑賞中の顔の表情、心拍数などのデータを取得する。それらを基に、笑いが心身に与える効果の測定法を開発し、疾病予防や生活習慣の改善に、笑いが役立つかどうか調べるというものです。

「笑い」は日常的な行為ですが「定義があいまいなため国内外でそれほど研究が進んでいない」と言います。表情のデータ測定にはオムロンの画像センシング技術を、心拍数などの測定にはNTT西日本の技術を応用するそうです。2021年には笑いを活用したストレスマネジメントの実用化を目指しています。大阪ならではの「笑いに溢れた治療方法の開発」に期待が高まります。

## (3) LED(Laugh Esprit Dajare)運動の推進

周りに目配り、気配り、思いやりを持って笑いを仕掛けられる人はリーダーの資質があるわけですが、ではどのようにすれば職場や人の集まる場で手っ取り早く笑いを引き起し、職場の空気を変えられるのでしょうか。

「笑いを引き起こすさまざまなワザ」については19に分けて第2章、第3章で詳しく解説しますが、私はその中の2番目に紹介している、手っ取り早く笑いをうみ出せるワザ、瞬間〝愉〟沸かし機であるダジャレによってその場を明るくしようというＬＥＤ運動を提唱しています。これは人の集まる場所の灯りを白熱灯や蛍光灯からＬＥＤ照明に変えようということではありません。それでも物理的に明るくなればかなり気分は良くなると思いますが。

私の提唱する運動のＬＥＤはLaugh Esprit Dajareの略です。ダジャレでも「寒くなるおやじギャグ」でひんしゅくを買うものではなく（それでもオーケーですが）、ちょっとしゃれた、機知にとんだダジャレを飛ばしてその場を明るくしようという試みです。ＥはEspritやExcellent（優れた）ならベストですが、別にEasy（簡単な）でもかまいません。とにかくダジャレを飛ばすＬＥＤ運動でその場を明るくしようというねらいです。

天台宗には自分の持ち味を活かして自分の係わる持ち場を明るくする、輝くという「一隅を照らす」という教えがありますが、まさにこれは一隅を照らす運動です。

## 笑談3 ▼ リッパなスリッパ

私は2017年秋に、仕事の関係であるスタジオを訪れました。靴を脱いでカーペット敷のスタジオに上がったのですが、来客用のきれいなスリッパが出てきました。その時に私はすかさず「おお、リッパなスリッパ!」とダジャレを飛ばしました。初対面のスタッフの方も大勢いましたが、私のそのとっさのダジャレでスタジオ内は大笑い。瞬時にパッと輝き、和らいだムードになりました。その後の下打ち合わせ、本番の仕事がスムーズに運んだのはそのツカミ的なダジャレが効いたからかもしれません。スタジオの照明は照度が1,000ルクスぐらいの明るさでしたが、その瞬間はそれ以上に輝いたような気がします。

ＬＥＤですからしゃれた照度単位を設けました。「明（あか）ルクス」というのはどうでしょうか。月夜の夜道は約０・３ルクスだと言います。これではちょっと暗すぎます。６畳を60ワットで照らすと約１００ルクスと言いますから、職場にはそのぐらいの明ルクスが得られるようなダジャレ、ＬＥＤの輝きがあるといいですね。かなりの明るさが必要なスタジオなどは１，０００ルクス以上の照度があるようです。もちろん１，０００明ルクス超級の爆笑もののナイスなＬＥＤ、ダジャレなら素晴らしいですね。そんなダジャレを飛ばせるリーダーがいれば、その職場は燦然と輝いており、だれもが近寄りたくなる人気スポットになっていることでしょう。

瞬間〝愉〟沸かし機であるダジャレは「瞬時に愉快な笑いをうみ出す優れた機能があるワザ」なので、私はそう命名しているわけですが、周りや場に目配り、気配り、配慮をしないでタイミングを逸して乱用すると輝きは失われ、ひんしゅくを買うばかりです。職場の女性の皆さんから「寒いおやじギャグ」とレッテルを貼られるようなダジャレの乱発はぜひお控えください。それこそ輝きのない、切れかかった〝蛍光灯おやじ〟になってしまいますから。それではせっかくのダジャレの優れた機能が台無しです。ダジャレがかわいそうです。ダジャレを頻繁に言う人はぜひ自分のダジャレがＬＥＤになっているのか、切れかかりの蛍光灯になっていないか、その輝き具合、照度（明ルクス）がどのぐらいあるのかを周囲の人に聞いてみてください。

思わず笑ってしまう、人を惹きつけるナイスなダジャレの創り方については第２章、第４章で詳しく取り上げます。

## (4) CHO(Chief Humor Officer=最高面白職場責任者)の重要性

笑いが溢れる、活気ある職場を実現するためには会社の理解も必要です。会社が「勤務中に笑うなどはもってのほか」などと考えていたら、まず明るい、空気のいい職場を創り出すことはできません。普段から会社の中で笑いのコミュニケーションが明るく行われることを歓迎する姿勢、雰囲気が会社にないと笑いを得意とするリーダーも持ち味を発揮しようがありません。そこで私は会社の役員にCEO(Chief Executive Officer=最高経営責任者)やCIO(Chief Information Officer=最高情報責任者)、CFO(Chief Financial Officer=最高財務責任者)などと同様にCHOを置くべきだと思います。

一般に人材マネジメント用語でCHOと言えばChief Human Officer=最高人事責任者のことですが、私の提唱するCHOはChief Humor Officerです。「最高面白職場責任者」とでも訳せばいいでしょうか。

「面白い人」とはどんな人を言うのでしょうか。私が出会った「面白い人」は①ユーモアがあり、ジョークを飛ばし、話題が豊富②いつも笑顔で楽しい③親しみやすさがある④人を思いやれる⑤頭の回転が速い⑥ネットワークが広くよく交流している⑦話し方が解りやすい⑧聞き上手で空気が読める—といった人でした。そのすべてを備えている人はなかなかいませんが、どれも関連している資質ですからこのいくつかでも当てはまればＣＨＯ＝最高面白職場責任者の候補と言えるでしょう。

役員に笑いを理解してくれるＣＨＯ＝最高面白職場責任者がいて、会社、職場が面白いのか、職場で笑いが起きているのか、活気があふれているのか、暗い雰囲気になっていないか、空気はいいのか、コミュニケーションがよく取れているのかなどを、絶えず、チェック、目配り、気配りしてくれるようであれば、こんなに心強いことはありません。職場で笑いを仕掛けるリーダー、担当も張り切って臨めます。

ＣＨＯ＝最高面白職場責任者のもとで面白職場の実現を担う人は、当然、その素養があるわけですが、必ずや周りに目配り、気配り、思いやりのできる、会社をいい方向に引っ張っていける素晴らしいリーダーに成長することでしょう。私が若いなら面白職場担当に、役員であれば最高面白職場責任者であるＣＨＯに立候補します。

Chief Human Officer＝最高人事責任者にChief Humor Officer＝最高面白職場責任者の素養があるなら兼務してもいいでしょう。Chief Humor Officer＝最高面白職場責任者は、自分の手足となって社内、職場で笑いのコミュニケーションを担うリーダーや担当者をきちんと評価してあげなければいけません。その点から見れば最高面白職場責任者が最高人事責任者なのは歓迎すべきなのかもしれません。

「笑談力」でも取り上げましたが、ドミノ・ピザ・ジャパンのスコット社長は来日して日本語を覚えるうちにダジャレにハマって、自らがダジャレのスペシャルサイト「DAJARE－A－DAY　ダジャレやで～」を立ち上げるまでになりました。やがてそれが同社の素晴らしいダジャレキャンペーンに繋がっていったわけですが、スコット社長のようなトップ自らが率先して社内に笑い、ジョークを仕掛けてくれるようなら最高です。

スコット社長だけではなく、たぶん企業のトップにいるかなりの方がジョークやダジャレなどによる笑いが好きで、自らが会社で仕掛けているケースも多いのではないでしょうか。笑いのコミュニケーションの重要性を認識しているトップは多いはずです。

## 笑談 4 ▼ 8階はヤッカイ

私も会社のトップにいる時には、役員には「社員の皆さんとの明るく楽しいコミュニケーションを取るよう」に求めました。「うちの役員室は8階にあるけど、ヤッカイ（8階）だから近づきたくないよね」などと言われないように、「ジョークのひとつでも言って、社員の皆さんと笑いのある交流を心がけるよう」に働きかけました。

優れたＣＨＯ＝最高面白職場責任者は「配慮範囲の広い人」であり、その役員のもとで育つ社員も「配慮範囲の広いリーダー」となっていきます。そんな配慮範囲の広い役員やリーダーがいる会社は必ずや「働きやすい会社」であり、成長が継続する優良な会社に違いありません。「朝起きたら、明るく楽しいから行きたくなる職場」はそんなリーダーが大勢いる会社なのかもしれません。

アメリカのテキサス州ダラスを本拠にするＬＣＣ（格安航空会社）のサウスウエスト航空はユーモアを重視した経営で好業績を続ける注目企業です。「ユーモアを理解しない社員はサウスウエスト航空の従業員としては不適格」とされるそうです。同社の企業理念は「お客様第二主義、従業員第一主義」。いかに従業員がユーモアを持って明るく楽しく面白く働けるかを重んじています。従業員がお客様に対してよいと思ったことは自由にやれる社風で、キャビンアテンダントが機内アナウンスをラップでしたり、空港職員が戦闘用の迷彩服を着るなど、そこかしこに従業員が考え工夫したさまざまなユーモア、面白さを見つけことができます。まさに考動力を持って明るく楽しく働いている様子がうかがえます。結局、従業員がユーモアを持って楽しくイキイキと働いていることがお客様によい方向で還元されるため、「お客様第二主義」と言いながらお客様満足度の高い企業として評価されているわけです。そんな同社なら「朝起きたら、明るく楽しいから行きたくなる職場」に違いありません。

# 第2章

# 笑いをうむ19のワザI

私は２０１７年4月にオトナンサー編集部の依頼を受けてビジネスユーモアに関する原稿を執筆しました。オトナンサーは「ライフ」「ビジネス」「エンタメ」の3カテゴリーで、暮らしに、話題と気づき、元気と笑いを届ける総合ライフスタイル＆ニュースメディアです。記事によってはヤフートップのニュース枠にもリンクされて多くの人に読まれます。私の記事もヤフーにリンクされてランキングに顔を出すところまで読まれかなりの反響がありました。

多くのビジネスパーソンが潜在的（既に顕在的と言えるかもしれませんが）に、ビジネスにおける笑いの重要性を理解し始めているのかもしれません。

## 【笑いを引き起こすポイント】

私は約40年の会社人生を笑いとユーモアの中で過ごすうちに笑いを巻き起こす、ある法則を発見しました。この〝法則〟は、最初は仮説に過ぎませんでしたが、笑いを仕掛け笑いに遭遇するたびに法則たり得ると確信しました。

その法則とは「①意外性のある②ネタを③タイミングよく④笑いそうな人に⑤言う」です（**図2**）。この笑いを巻き起こす法則は5ポイントに分かれています。それぞれについて以下で見ていきましょう。

## ①意外性のある

「笑いをうむ19のワザ」のなかでも、私は最初に「意外性、落差で〝笑エネ発伝〟」として取り上げています。それだけ「意外性」は、笑いを引き起こす重要な要素です。人は「想定の範囲内」の話や行動ではそれほど注目をしませんし、心を動かされることもありません。ところが相手の予想外の行動を目の当たりにしたり話を聞いたりすると、一気に注目度は高まります。いわゆるサプライズです。この「びっくりぽん」な意外性が想定、先入観との間で落差をうみ、笑いを引き起こすエネルギーとなるのです。

笑いを引き起こす５つのポイント（図２）

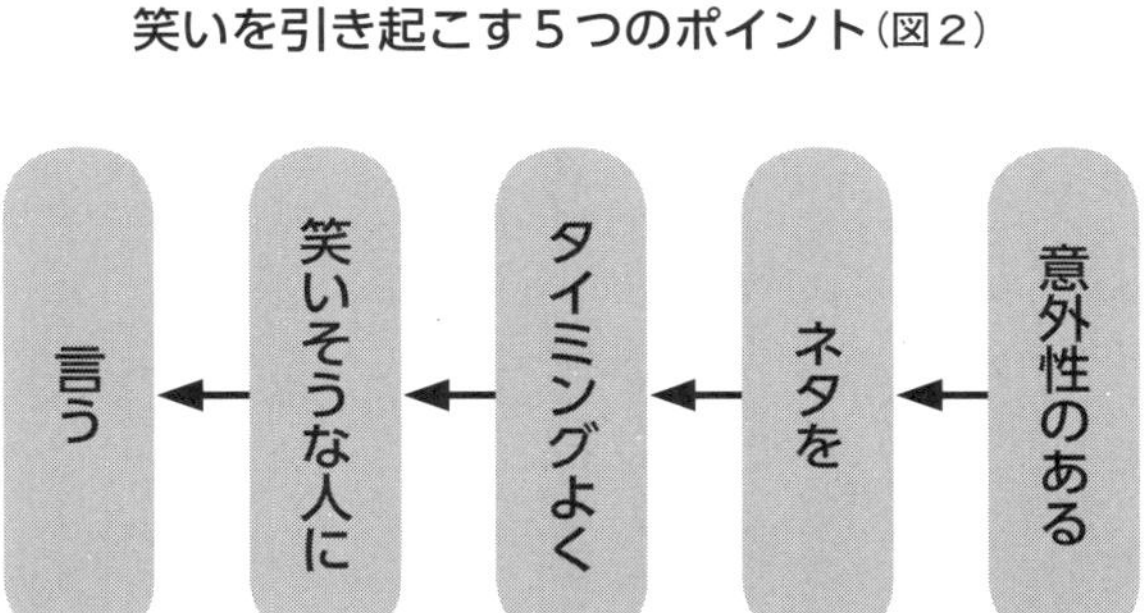
意外性のある
ネタを
タイミングよく
笑いそうな人に
言う

## 5 ▼ 7・3＝21

私の外見は髪型を7・3に分けてメガネをかけており「何か銀行員みたいな堅そうな人」という印象を持たれます。しかしその堅物そうな私がニコニコしながら「私は何歳の頃からこの髪型にしていると思いますか?」と言われたら、それを聞いた人は「何かちょっとおかしな人?」と身構えます。

そこですかさず「初対面だからわからないですよね。7・3分けで7×3だから21。21歳の時からなのです」などと言いますから、聞いた人はその想定外の話、堅物の印象との落差に思わず「プッー」と吹き出してしまうのです。意外性、先入観との落差で相手の心を揺さぶることができれば、笑いが起きる可能性が広がります。

### ②ネタを

「ネタ」は笑いを引き起こす素材、アンコ、肝、根幹の部分です。「出しもの」と言ってもいいですね。ダジャレやギャグなどの素材であり、またコントや落語、川柳、モノマネ、替え歌などのジャンル、手法も含めてネタと考えています。笑いを引き起こすのが得意な人は、皆さん

「持ちネタ」「出しもの」があります。レストランで言えば、よい素材を使った得意料理、定番料理といったところでしょうか。

好きな人気テレビ番組で「ザ・イロモネア」があります。ご存知の方も多いと思いますが、お笑い芸人が100人の観客からランダムに選ばれた5人を、1分の持ち時間内にショートコント、一発ギャグ、モノマネ、サイレント、モノボケの規定ジャンルに従ったネタで、3人ないしは5人笑わせるというチャレンジ(ステージ)を5回行います。そのすべてに成功すれば賞金100万円を獲得できます。若手を中心に参戦する芸人は大勢いて、人気芸人への登竜門的な番組になっています。

1分という限られた時間内なので落語や漫才などの長尺のジャンル、手法は登場しません。即効性のある手短に使えるネタや手法が登場します。この番組を見ていると、いかに意外性、〝びっくりぽん〟の驚き、新鮮なネタを出せるかが、笑ってもらえるカギとなっているのがよくわかります。

私の場合はダジャレクリエイターですから圧倒的に多いのが一発ギャグに近いダジャレのネタです。これは瞬間〝愉〟沸かし機として「笑いをうむ19のワザ」の2番目に詳しく取り上げます。ここでは簡単に飲み屋で使える一発ギャグ・ダジャレを紹介します。

笑談笑考

### 6 ▼ウスメとムスメ

酒が強くない私は飲み仲間と同じように1杯目は生ビールを飲みます。その後皆さんは焼酎のロックやワインなどそれぞれが好きなお酒となっていくわけですが、私は薄め（ウスメ）の焼酎水割りかハイボール。若い女性の店員さんが注文を取りに来てくれると「あなたはムスメだけど私はウスメ。私の髪ももうウスメ」と定番のダジャレを言うとちょっとウケます。しょっちゅう(焼酎?)聞いている飲み仲間は「またか」というウンザリ顔で私を見ますが……。

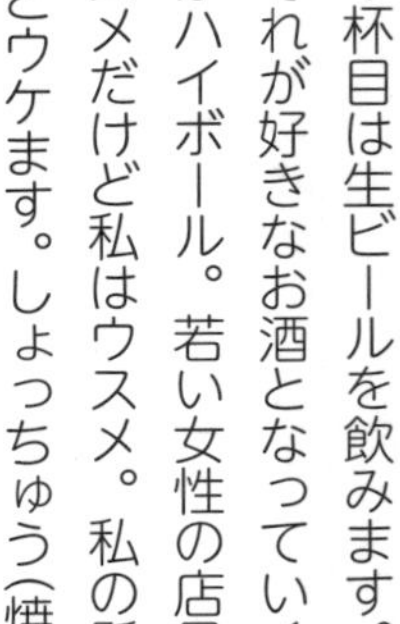

## ③タイミングよく

「タイミングのよさ」も笑いを引き起こすのには大事な要素です。これは「今でしょ！」というタイムリーな瞬間です。私はいつも人と会話しながら、ジョークを出すタイミングを計っています。その時の場の雰囲気、会話の内容、会話が途切れた瞬間など「今でしょ！」というタイミングを探っているのです。

いくら面白く意外性のあるネタを思いついても、まったく皆さんが繰り広げている会話と関係ないものでは披露しても刺さりません。無理やり場違いなジョークを飛ばす人がいますが、浮いてしまい「どんくさいやつ」と思われるのがオチです。「今でしょ！」のタイミングをつかむには絶えずその場の流れに気配りし、それを感じ取らなければなりません。あたかも動物がエサとなる獲物を狙うように。

私が子供のころに坂本九さんが歌っていた「ステキなタイミング」という歌がありましたが、この「ステキなタイミング」が笑いを引き起こすのです。確か歌詞は「この世で一番かんじんなのは素敵なタイミング」だったと思いますが、替え歌風に言うなら「笑いで一番かんじんなのはステキなタイミング」なのです。言葉に発しなくてもタイミングの良い身振り、ジェスチャーだけでも笑いは起きるのです。

タイミングのよい行動と連携プレーで爆笑を誘った話があります。

## 笑談 7 ▼ 社長のイス

私がある会社の社長を務めていた時に、お客様との宴会がありました。それまでにも何度か楽しい宴席を持ったことがあるので、いつも笑いが起きる面白い会であることはお互いに承知済みです。いつものように私も得意のダジャレを飛ばし、同席した当社側のある役員も得意技でお客様の笑いを大いに引き出しています。

私は調子に乗っていつもよりビールを多めに飲んだのでトイレに行きたくなりました。用を足して席に戻ろうと部屋に入ったところ、何とその役員がちゃっかりと私がいた席に座っているのです。それまでの宴席の中で「どうもこの役員が会社で私の社長のイスを狙っているらしい」という会話で盛り上がっていた場面がありました。その役員は私の顔を見て「社長、席を温めておきました!」と言います。私は「そうか、やはり社長の席を狙っていたのか」と受け答えて一同大爆笑。私とその役員のタイミングのよい行動と連携が大きな笑いを引き起こしたのです。

## ④笑いそうな人に

「笑いそうな人」にジョークを言うことが、笑いを引き起こすうえではとても重要です。先に紹介した「ザ・イロモネア」では観客からランダムに選んだ視聴者の中から5人を選んで笑わせる対象としていました。そういう番組なので「面白い芸」が飛び出したら笑おうと言う素直な視聴者ばかりではありません。中にはかたくなに笑いを出すことを拒否し、しかめ面をしている人も大勢います。なかなか笑ってくれないこういう人を意外性のワザ、ネタでどう笑わすかがプロとして試されるわけです。その攻防を見るのもこの番組のウリになっているところです。

私たちは別にプロを目指しているわけではないので、そこまで笑いをとるための壁は高くないのでしょうが、それでも「笑ってくれやすい人」と「笑ってくれにくい人」とではこちらの苦労の度合いが違います。やはり「笑いそうな人に」ジョークを飛ばしたほうが、当然笑いは起きやすいのです。そこで笑いを共有してくれる人や場の見極めが大事になってきます。普段から同席する機会が多い人には「ジョークを言って笑いを引き起こす面白い人」という印象を与え、笑ってくれる側になってくれるように交流しておくことです。

## 笑談 8 ▼逸髪芸

大人数が集まったある会合に私が出た時のことです。かなり以前に活躍された男性の大先輩が皆さんの前で紹介されました。私は存じ上げてはいなかったのですが、柔和な感じの方です。もうだいぶ年配でその昔は黒々としていたはずの髪の毛はすでになく、ツルツルに輝いた頭が印象的でした。その方は自分が紹介されると多くは語らず、ただ自分のツルツルの頭を自分の手でサラッと撫でたのです。その動作、身振りだけで会場内に爆笑が起きました。タイミングも良かったのでしょうが、頭を撫でただけで爆笑を起こせる人はそんなにはいません。

たぶんその昔に集まっていた皆さんとともに活躍されていたころの自ギャグネタ、得意ワザがそれだったのかもしれません。昔、ともに笑っていた空間、場がよみがえったのでしょう。「笑いそうもなかった人」を「笑いそうな人」に変えていったであろう、その方のセンスの良さ、人気の度合いがうかがえる一発芸、逸髪芸でした。

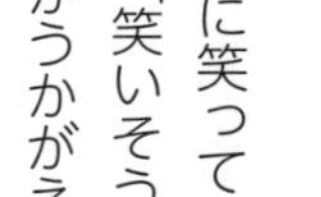

## ⑤言う

「言う」はもちろん重要ですし必要です。いくら意外性のある面白いネタを考えついても、ネタと気づいてもらえなければ「変な人」になってしまいます。「今面白いことを言っていますよ！」と伝わるように、声色や顔つきなどを変化させるとよいでしょう。

ザ・ドリフターズの人気コント「もしもシリーズ」の中で、リーダーのいかりや長介が常識はずれの居酒屋やラーメン屋でお酒をかけられる、茹でたての麺を投げつけられるといった散々な目にあい、コントの最後にカメラ目線で「だめだこりゃ」と締めの一言を発しました。「だめだこりゃ」は、視聴者に向けた言葉で、コント中のツッコミとは声色や顔つきが異なります。

このように「言う」方法を微妙に変えることで、笑うタイミングですよ！と暗に伝えられます。

「言う」は、難しいので苦労する人も多いのですが、何度も挑戦して慣れるしかありません。失敗はつきもの。失敗を重ねていくうちに度胸がつきコツもつかめます。これまでに紹介した笑談も、これから紹介する笑談も、皆、「言う」や手ぶりなどの行動があってはじめて成立しているのです。

この①意外性のある②ネタを③タイミングよく④笑いそうな人に⑤言う―の5つのポイントは、個別にあるのでなくお互いに関係、リンクしています。お互いに影響し合っているわけです。**図3**のようにしりとりにすると覚えやすくなります。①かわりダネ②ネタ③タイミング④グラウンド⑤ドゥーとなります。

## 1 意外性、落差で〝笑エネ発伝〟

意外性が笑いをうむうえで重要な要素であることはよくお分かりいただけたと思います。想定外の展開が落差をうみ、笑うエネルギーを発し伝えます。私はこれを「笑エネ発伝」と言っています。意識をして意外性、想定外の状況をうみ出すのはなかなか難しいのですが、それでも絶えずそれを意識し

しりとりで覚える5つのポイント（図3）

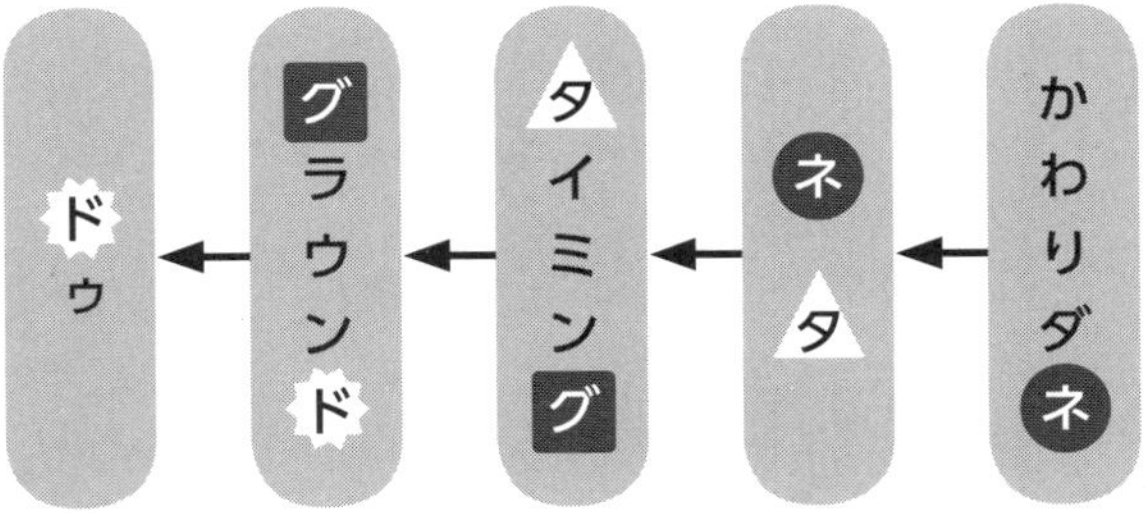

ていれば可能性が広がります。普段から真面目で冗談などを言わないような人が、突然おかしなことをしでかせば大きな笑エネルギーが発せられます。笑いを仕掛ける人はこの意外性、落差を重視してください。具体例で見てみましょう。

## 笑談9▼こんばんは

ある会社の記念イベントに招待された時のことです。午後からの開催でしたが、第一部は社員総会で会社の新ビジョンやスローガンなどの発表、説明があり、第二部では記念パーティーが開かれました。私は記念パーティーで乾杯の発声をするお役目でした。

新ビジョン設定の経緯、経過の説明を責任者の役員がしました。その役員はとても真面目な人です。第一声の挨拶をなんと夜でもないのに「皆さん、こんばんは!」と言ってしまったのです。確かに会場内はスクリーンに映像を写し出すために暗くなっていたのですが夜ではありません。午後イチぐらいの「こんにちは!」の時間です。

会場にいた皆が想定外の挨拶に度肝を抜かれ大爆笑が起きました。昨晩の飲み会の余韻が残っていたのかどうか知りませんが、完全に昼と夜を取り違えています。真面目な役員が放った勘違いだけに大きな落差がうまれました。この大笑いで会場の雰囲気は一気に和んだこともあり、その後の総会はスムーズに運営されました。その役員の予期もしないツカミの大爆笑挨拶があったあとでは、私の乾杯の挨拶はとてもやりにくくダジャレをいくつか入れたものの〝完敗〟で終わりました。

## 笑談10 ▼オコサンデー

ＮＨＫで休日に天気予報を担当している気象予報士の南さんは時々ダジャレを言って笑わせてくれますが、同じく休日の午後を担当していた篠原さんも真面目そうな方ですが、何気なくダジャレを言っていました。「言っていました」と過去形にしているのは、２０１８年春に異動されたようで私が住む地域ではお目にかかれなくなってしまいました。残念です。

その篠原さんが天気予報をしながらサラッと言ったダジャレが頭に残り、時々使わせてもらっています。「今日は日曜日なので、もっと寝ていたいから『オコサンデー』という方もいるでしょう」。真面目な顔でサラッと言われたので爆笑物ではありませんでしたが、あとでジワッとおかしさがこみ上げてきました。私はこれに「土曜日はもう『サッタデー』なので振り返りません。しばらくゴブサッタデーです」というダジャレを付け加えてご披露しています。

篠原さんと言えば2017年12月のクリスマス・イブの夕方の天気予報が「面白かった」とネット上で話題になりました。山下達郎の「クリスマス・イブ」の歌の歌詞「雨は夜更けすぎに一♪　雪へと変わるだろう♪」を題材に「雨雲は東へと抜けて、広く晴れる見込みです。雨は夜更けすぎても雪には変わりません」。その前には「サンタさんなど夜遅く外出される方は、急な強い雨、落雷、突風にご注意ください」とも言っています。いつもと同じように真面目な調子で天気予報を伝える中で、こうした面白いことを言うので落差、独特のおかしさがうまれるのです。

## 笑談 11 ▼ブタの散歩

私は2000年、2001年と会社の転勤の関係で関西に住みました。2000年は単身赴任でマンション暮らしでしたが、2001年には家族も呼び寄せ郊外に家を借りました。飼っていた犬も二匹やってくるので一軒家にしたわけです。一匹は室内犬でしたが、もう一匹は室外犬。この室外犬はオスの柴犬の雑種で小さいころに捨てられていたのを私が〝保護〟して飼い始めました。名前はコジローです。可愛がっていたので大阪にまで〝異動〟させたわけです。大阪に来た時には確か4〜5歳だったはずです。

このコジローとの関西での暮らしでは意外性のある面白い体験がいっぱいありました。その最大の体験が散歩中のある出来事です。ある時、近所を散歩しているとコジローが突然、急ブレーキをかけたように足を止めたのです。腰を抜かしたような様子です。私は何か足でもおかしくしたのかと思ってコジローを見ると、いつもの強気な様子は消え、ブルブルとおびえて震えています。

おかしいなと思って行く先を見ると、何と向うから、薄いピンク色のブタが散歩しながら近づいてくるのです。「エッ！」。私も一瞬わが目を疑いました。しかしやはりイヌではありません。立派なブタ君です。背中にショールのようなものを乗せ、散歩ヒモにつながれて、ゆっくりとこちらに向かってきます。私もコジローも度肝を抜かれて動けない横を、ブタ君は何事もなかったように悠然と通り過ぎていきました。しばらくその場でボーとしていましたが、ハッとわれに帰り、コジローとあわてて家路を急ぎました。家に着くと何かとてつもないおかしさがこみ上げてきて大笑いしました。コジローもなぜか笑っているように見えました。「やはり大阪は凄い！トンでもなくトン出る（飛んでる）」と関西の意外性の凄さに、腰と度肝を抜かれた貴重な体験でした。私たちはその翌年にはまた異動になり関東に戻ったので、コジローとの関西での生活はわずか1年でしたが、お互いに中身の濃い1年を過ごしました。この面白いコジロー君についてはこのあとも本書でたびたびご紹介します。

## 2 ダジャレは瞬間〝愉〟沸かし機

ダジャレは瞬時に笑いを引き起こせる速攻(即効)力のあるワザです。そのダジャレを創るポイントやさまざまなビジネスシーンでのダジャレの使い方については第4章で取り上げます。ここでは瞬間に笑いを引き起こした具体例をご紹介しますので、まずはダジャレの瞬間〝愉〟沸かし機ぶりを味わっていただきます。

### 笑談 12 ▼立けん主義

憲法改正についての議論があちこちで進められていますが、ある憲法の勉強会に参加した時のことです。立憲主義の著名な先生の講演のあとに質疑応答となりました。会場の質問者が立って質問してそれに先生が答えるわけですが、先生も立って質問に答えられようとしています。その時に司会が「先生、どうぞ座ったままで」というと、先生は「いや私は大学の講義も立ってしますし、立って話すのが好きですので」と言われました。

司会はすかさず「立けん主義ですからね」とのひと言。このひと言に会場は大爆笑。単に「立つ」と「立憲」をかけただけだったのですが、タイミングのよいダジャレに速効性の笑いが起きました。ナイスな司会のひと言が、おカタイはずの憲法の勉強会を一気に柔らかい雰囲気に変えました。

## 笑談13 ▼アップアップ

ある会社のOB会に出た時のことです。その会社の社長が「利益を出していくことが大事だが、売り上げもアップして経営の規模を大きくしていきたい」と挨拶されました。そのあとOBの方々が感想やら近況やらを次々と報告されました。

遠慮のないあるOBのひとりが、先ほどの社長の話にふれながら「売り上げをアップすることは大切だが、倍増しようとしてアップアップしないように!」とくぎを刺しました。時々耳にするダジャレのような気もしますが、タイミングのよさが受けて会場に一瞬で笑いが起きました。OB（アウト　オブ　バーンズ）にはならないOB（オールドボーイ）による貴重なアドバイスでした。

笑談考 14

## 教官に共感

私が定年退職してすぐにやりたかったことは自動車教習所に通い直し、約40年ぶりにペーパードライバーを卒業して運転を再開することでした。免許の更新だけは真面目に続けていました。幸い近くの自動車教習所にペーパードライバーのためのコースがあったので申し込みました。

約40年ぶりの自動車教習所は免許を取ったところとは違いましたが、いざ教習所に行ってみると、何と教官の皆さんがやさしいのにびっくりしました。

自動車教習所の教官と言えば、昔はとても横柄、強面で威張っていることで有名でした。私の知り合いでも教官と喧嘩して教習所通いをやめてしまった人が何人もいました。その頭があったので緊張気味に教習所に通い出したのですが、そのやさしい態度への変身ぶりにビックリしました。雨が降っていた時などは教官がカサをさして速攻で迎えに来て教習の車まで案内してくれたほどです。たぶん最近は運転を習う若者も少なくなり、教習所も経営に苦労する中でサービス業として顧客を大事にしていった成果がこの「やさしさ」なのだと推察しました。

そのことをある飲み会でご披露したら「郷愁のある教習で教官のやさしさに共感したか」とエンストしそうなダジャレが速攻で返ってきました。

そう言えば最近はエンストなどという言葉は耳にしなくなりました。オートマティック車になったので坂道でも即発進できますし、格段に運転がやさしくなっていたのにも驚きでした。こちらは「オッとマジック！」のような響きのある「やさしさ」でした。
ということで教官とオートマティック車の2つの「やさしさ」が味わえた貴重な体験でした。私には教習所の車がすべて8343（やさしさ）に見えました。

## 3 笑いのとれる失敗談

だれにでも失敗はつきもの。人生で失敗を経験しない人はほとんどいません。「私は失敗したことなどない」と言える人は完全無欠の完璧な人か、失敗を失敗と認識しない人かのどちらかでしょう。だれにでも「しまった！」「しでかした！」「やっちまった！」「どじった！」といった失敗はいくつもあるのではないでしょうか。

失敗の程度、大きさにもよりますが、人間のありがたいところは時間が経つと失敗の傷が癒えたり、衝撃が和らいだりするところです。私のカラオケの持ち歌に「わたし祈ってます」がありますが、その3番の歌詞に「時間が必ず　解決するのよ　どんなに苦しい　出来事だって」とありますが、これは本当に的を射ている表現だと思います。時間が薬になっているわけですが、立ち直れる程度の失敗だったとも言えます。

立ち直れる程度の失敗の中には、振り返ると「笑える話」になっているケースもあります。何度も人に話しているうちにその失敗談が笑談に進化していくのです。皆さんもご自分の失敗の中で「笑える話」に進化させてご披露できるものがあればいいですね。「笑いのとれる失敗談」を話せる人は、ざっくばらんの飾らない人で、人気者になれます。

面白い失敗談については第5章でも取り上げますが、ここではその前段として「笑いのとれる失敗談」を二つご紹介します。

## 笑談15▼下のしでかし

2017年に開催したあるゴルフ会で「笑いのとれる失敗談」をご披露してくれた方がいます。その方も私と同じく、胆のうを腹腔鏡手術でとった「ノータン仲間」でもあります。胆のうをとった人が全員そうかどうかは知りませんが、私は食後、少し時間が経つとトイレに行きたくなったり、お腹がゆるくなったりします。どうも「ノータン仲間」は同じ症状の人が多いようです。その方も昼食後の午後のラウンドでたぶん同じ症状になったようです。お腹がゆるい状態が数日続いていたようでもありました。私は同じ組でプレーしていたのではないので残念ながら目撃談ではなく、ラウンド終了後の打ち上げの時に聞いた話です。午後の4ホール目、昼ごはんがこなれてくるちょうどそのころがやばい状況が訪れてきます。ショートホールのレギュラーティーでティーショットを打とうと構えた時に、お腹のゆるい状態が限界にきて、ショットならぬ大が飛び出しそうになったそうです。そこでは何とか我慢したそうですが、また大波が襲ってきました。

とうとうその方は我慢の限界を超え、そのホールの後方のティーグランド（バックティー）の横でしゃがみ込んで用を足しました。ちょっと間に合わない気味だったようです。

しゃがみ込んで用を足していると、後ろを1人でラウンドしてきた年配のゴルファーがその組に追いつきました。取り込み中で時間がかかりそうなので、そのゴルファーに先に打って進んでくれるように同組のメンバーがお願いしました。するとそのゴルファーは承知はしてくれたのですが何と想定外の、その方が用を足している横のバックティーに歩み寄りティーショットを打ったそうです。たぶんその方が用を足しているのが目に入ったはずですが、その年配のゴルファーは何事もなかったように、平然とプレーを続けられたそうです。

その方にとっては、とんでもない「やっちまった！」の失敗でしたが、その話を聞いたわれわれはお腹を抱えて大笑い。「笑いのとれる失敗談」となってしまいました。その方はラウンド終了後に自分の「しでかし」をきちんとゴルフ場に〝申告〟されたのは立派でした。そして年配ゴルファーの「見て見ぬふり」の平然としたプレーぶりも称賛されました。

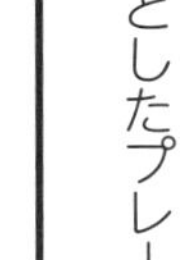

## 笑談16 ▼フンギリ

笑談15はある方のしでかした失敗談で下ネタ系でしたが、私も下ネタ系では数々の失敗をやらかしています。その中のひとつをご披露します。

私がまだ大学生のころの話です。私の一番上の姉が結婚して近くに住んでいました。3人の甥っ子がいてその2番目の子を姉が所用で出かけた時にあずかって面倒を見ました。

公園で遊ばせているとその子が大をもよおしました。当時のその公園にはトイレはなく私はティッシュも持っていません。草むらで用を足させたのはいいのですが、お尻を拭かなければなりません。しかし拭けるような適当なものは見当たりません。その時、近くを子供連れの女性が通ったので「ティッシュを持っていたらください」とお願いすると、残念ながら持っていないとのこと。その女性曰く。「子供はキレがいいから拭かなくても大丈夫ですよ」。「ほんとうかな?」と思いつつも拭くものもないので、その女性の言葉を信じてそのまま甥っ子を連れて帰りました。

その夜、甥っ子のとんでもない状態の下着を見た姉はビックリ仰天。私は大目玉を食らってしまいました。フンギリの悪い結果となってしまいました。

## 4 下ネタ注意報 ― 適度に落ちる話

「下ネタを語らせたらキリがない」と言われてしまうほど下ネタのストックはあります。下ネタは失敗談にもつながることが多いのですが、笑える、くだけた話として貴重です。止めどもなく落ちてしまうのは品がないので、適度に落ちる笑える話として気配りしながらご披露しています。

### 笑談 17 ▼バキュームカー

今はどこに行ってもウォシュレット付きの水洗トイレに入れますが、私の子供のころには和式の汲み取り式のトイレが一般的でした。この汲み取り式の和式トイレには思い出がいっぱいあります。

子供のころのわが家のトイレもこの方式のトイレでした。家族で出したものがある程度溜まると定期的に業者の方（汲み取り屋さんと呼んでいました）がバキュームカーで来てくれて汲み取って行ってくれます。汲み取り屋さんが来るとその音と臭いですぐにわかります。汲み取りが終わると確か100円ぐらいの代金を払い、タバコなどをひと箱あげたりもしていました。親がいる時はいいのですが、なぜか私が一人で家にいる時ばかりバキュー

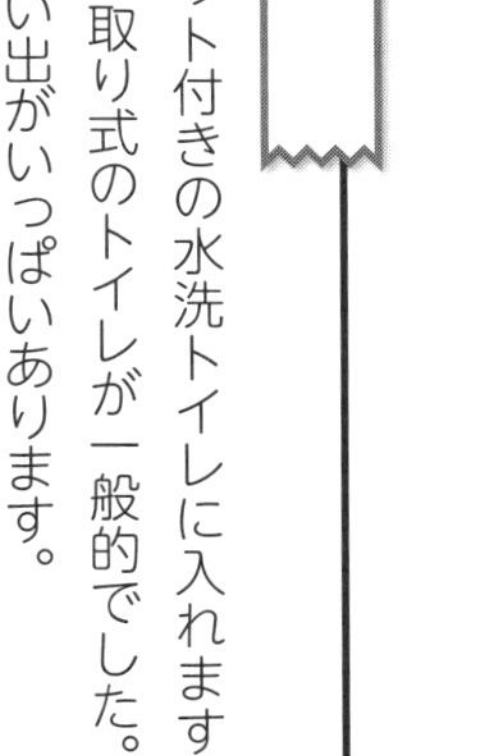

ムカーがやってきます。ウンの付きがいいのかもしれません。溜まったものを持って行ってもらうのですが、こちらはたまったものではありません。当時の私は代金の100円も持っていないし、差し上げるタバコもありません。結局バキュームのお仕事が終わり帰えられるまで、居留守を使い、息を凝らしてやり過ごすことが何度もありました。あとで親が代金を払っていたのか知りませんが、私にとっては音と臭いが遠ざかるのをじっと待つしかない〝沈黙は金なり〟の時間でした。

この汲み取り式のトイレでは、他にも困った体験があります。私の母方の伯父さん夫婦が京浜東北線のある駅の近くに住んでいました。とても歓待してくれるのでお正月になるとわが家全員で出かけるのが楽しみでした。普段なかなか食べられないようなおいしいものをいろいろとご馳走してくれたり、ゲームをしたりであっという間に楽しい時が過ぎていきます。いっぱい食べた後は自然の成り行きでいざトイレということになりますが、このトイレがやはり汲み取り式でした。家に帰ってするには到底間に合わず、やむなくこのトイレをお借りするのですが、何と出し方によってはおつりが返ってくるのです。

何とか苦労して用を足していましたが、ある時、家のものに話すと皆、お尻を浮かせたりして工夫して入っていることが判明し大笑いしました。

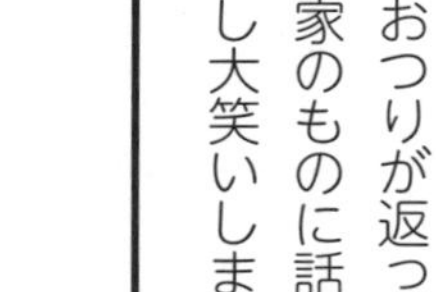

## 笑談18 ▼戦場ヶ原

私の場合どうも落ちるネタは、下から出す話が多くなり恐縮です。7年前に胆のうを取ってからお腹がいつもゆるくトイレに何度も行くようになったのかと思っていましたが、考えてみれば子供のころからずっとそんな体質だったのかもしれません。

小学校の修学旅行で日光に行った時のことです。東照宮などを回ったあと、国立公園内の戦場ヶ原に行きました。あとで調べてわかったのですが、戦場ヶ原は別に戦国武将がそこで戦ったわけではなく、もっと古い神代の時代、山の神がその湿原を舞台に争いを繰り広げたという伝説に由来してその名がついているのです。

なんと、そんな尊い国立公園内で、お腹の調子が急変し、大をもよおしてしまったのです。近くにトイレはありません。やむなく湿地の藪に隠れて用を足しました。当時はそんな尊い場所とも知らずに大変な失礼をしてしまいましたが、今だったら罰せられてしまいます。その後いろいろと人生でバチは当たったような気もしますが、もう時効となっているでしょうか。「出物腫れ物所嫌わず（選ばず）」とは言いますが、「ちゃんと選ばなければいけない場所もあるのだ」と大いに反省しました。私にとっては洗浄できない戦場、〝洗浄ヶ腹〟となってしまいました。

## 19 ▼お先でした

　ゆるめの下ネタの落ちる話が続きます。会社に入って10年目で営業に出たころの話です。「営業にはゴルフが付きもの」と聞いて私もゴルフを本格的に始めましたが、自己流なので一向に上達しません。部のコンペに行った時のことです。ショートホールで前の組が先に打たせてくれたのを無視したかのように、その組が待つはるか上や横にOBを連発。一緒に回っていた上司の方に何度も頭を下げて無礼をお詫びしました。何打も打ってやっとの思いでグリーン上までこぎつけました。

　ところがOB連発で緊張したせいか、お腹の調子が悪くなりもよおしてきました。もうパットどころではありません。どうでもいい。お尻の穴に力を込めてロングパット打つと何とこれが一発でカップイン。上司の方のパットが終わるのを待って、ちょうどそのホール横の売店にあるトイレに駆け込もうとしました。

　するとその上司の方が私より先にトイレに入ってしまいました。そんな時に限ってなかなか出てきてくれません。もう我慢の限界。「あのー、まだでしょうか」と、力なく声をかけると「何だ、君も入りたかったのか」との優しい声。「お先でした」が、すぐに出てきてくれたので何とか間に合いました。その日は重ね重ねのご無礼をお詫びする1日になってしまいました。その上司の方からはゴルフは褒められませんでしたが、「謝り方がいい」とのお褒めの言葉はいただきましたが。

## 笑談20 ▼落下

実際に落ちた話もあります。小学校の高学年だったころ、学校にプールがなかったので近くの高校のプールを借りて水泳の練習をしていました。ある時そのプールに行って泳いでいると急に空が暗くなり大雨が降ってきました。雷もなり出し水泳は中止。木の下に脱いでおいた洋服を取りに雨の中を走ったところ、目の前が急に眩しく光ったと思ったら、何とすぐ近くに雷が落ちたのです。慌てて洋服をとって逃げましたが生きた心地がしませんでした。そんな経験は初めてでした。

昨年、50数年ぶりに小学校の同級会がありましたが、一緒に落雷を経験した女性が懐かしそうに、その時の様子を振り返っていました。慌てふためいて逃げ回る私の姿は、さぞかし滑稽に映っていたことでしょう。

木から落ちたこともありました。最近の子供さんはあまり木登りをしないと思いますが、私の子供のころはよく木登りをして遊んでいました。ある時、近所の家の裏庭にあった桐だったか、ポプラだったかの木に登って調子よく遊んでいました。

　2メートル少し登った時でしょうか。足と手を滑らせて真っ逆さまに落下。背中を地面にいやと言うほど打ちつけました。しばらく「ウーン」と唸ったまま息もつけません。だいぶ時間が経って何とか落ち着いてきました。幸い大怪我には至りませんでしたが、これも生きた心地がしない落ちる話でした。

　今では笑って話せる落ちる話ですが、もし打ちどころが悪く頭でも打っていたら、とても笑い話にはなっていなかったでしょう。親を悲しませる事態になっていたかもわかりません。

## 5 ネタは飲食にあり

　拙著「笑談力」でも飲食に関するお笑いネタをいろいろとご披露しましたが、私の持ちネタで最も多いのが料理や食材など飲食を題材にしたダジャレ、ジョークです。6~7割を占めるのではないでしょうか。飲食の機会はどなたにもほとんど毎日やってきます。お客様や同僚との会食でタイミングよく切れのあるダジャレが出せれば、おいしい料理にさらにご馳走が加わったようなものです。楽しい食事の機会となることでしょう。

すでにこの章の2で瞬間〝愉〟沸かし機であるダジャレを取り上げていますが、ここでは私の飲食関連の持ちネタに絞ってダジャレを笑談としてご紹介します。

### 笑談21 ▼トマト栽培

A：家庭菜園でトマト栽培をはじめたよ
B：水やりにトマドルと苗が萎えるからね
A：ええと、まともに食べられるのを10作るのが目標
B：どうして？
A：十（ト）、全（マットウ）だから
B：新潟では十全（じゅうぜん）はナスだよ

## 笑談22 ▼いなり寿司

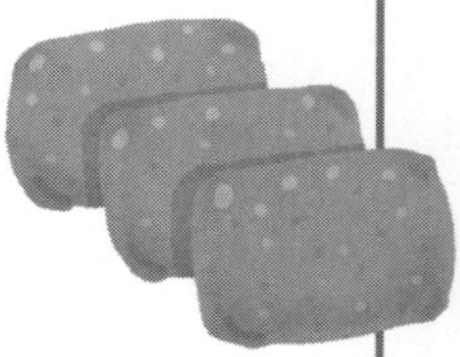

A：妻のつくるいなり寿司が好きだな
B：味付けは甘め、辛め？
A：いあや、それは妻のイイナリ
B：そうかお任せの安定した味ね
A：いや時々、甘かったり、で、
からかったり……
B：それちょっとアブラ（ナ）ゲだな

## 笑談23 ▼メン食い

A：かなりのメン食いらしいね
B：イケメンだよ。ほとんど毎日だから
A：1週間でどのくらい食べるの？
B：ゴメンかな。クメンはできない
A：トウメンは無理ね
B：麺の道を究めるのはメンドウだよ

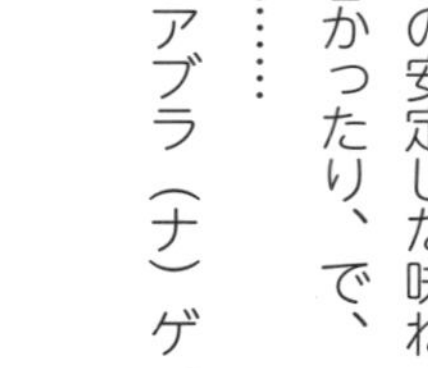

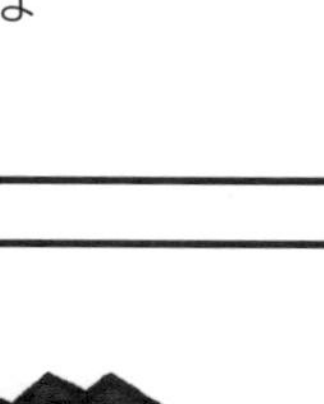

## 笑談24 ▼カレー

A：おたくは家族の皆さん、カレーが好きらしいね
B：ああ、カレーなる一族と言われている
A：子供はカレーが好きだけど、お年寄りはどうなの？
B：いや加齢とともにどんどん好きになっているみたい
A：枯れてもカレー好きか
B：父のカレー歴はカレ、コレ、ヤレの80(年)だね

## 笑談25 ▼そら豆

A：何でそら豆と言うのか知っている？
B：さやを天に向けて実るから空豆でしょ
A：太陽に向かうからソーラー豆なんだよ
B：確かに初夏が旬だから太陽の恵みだね
A：そら豆で豆板醤を手作りしたよ
B：そら、マメだね

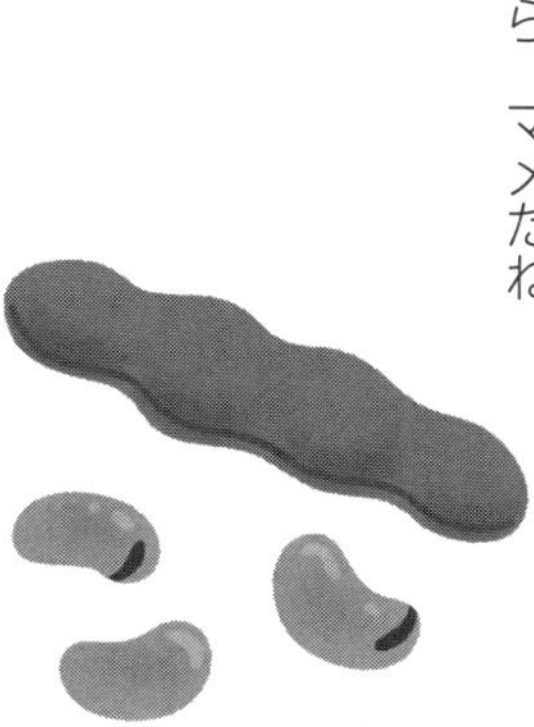

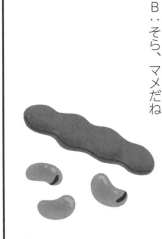

## 笑談26 ▼山かけ

A：マグロの山かけはうまいね

B：豆腐の山かけもいけるよ

A：とろろは栄養があるから

B：ネバリもあるよ

A：ネバリを発揮したい受験生には持ってこいだね

B：でも試験の山かけは危険だよ

## 笑談27 ▼ニラ

A：ニラが欠かせない料理は多いよ

B：餃子にも入っている

A：ニラ味（にらみ）が効いているね

B：もつ鍋もニラでもつ

A：ニラがなかったらニラレバもできない

B：それはタラレバでしょ

## 笑談28 ▼ブリ照り

A：このブリ照りはうまいね

B：ひさしブリでうまい

A：確かにブリ返す味だよ

B：ブリ返したらタレが垂れた

A：ティッシュで拭いたら

B：これでブリ・ティッシュだ

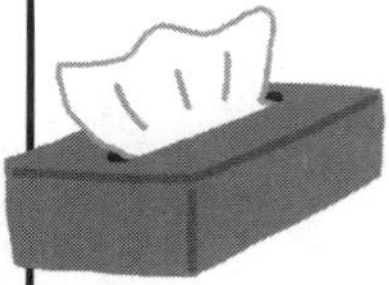

# 6 ゴルフギャグでナイスショット

競技としてゴルフに真剣に打ち込んでいる人にとって、プレー中のジョークやダジャレは歓迎できないかもしれませんが、同伴者が楽しくゴルフを楽しむエンジョイ勢なら、シャレは大いにゲームを盛り上げてくれます。

私はゴルフも飲み会と同じように、気の置けない仲間内で楽しく愉快に交流する機会と考えているので遠慮なくダジャレを飛ばします。ギャグもショットもナイスなものが出た時はとてもいい気分です。

「笑談力」書籍でも「ゴルフで使えるダジャレは豊富」ということでダジャレカップ戦をお伝えしましたが、今回も前回とは違うダジャレ好き、ゴルフ好きのメンバーが集まってのダジャレカップ第2ラウンドです。どんなジョーク、ダジャレ、珍プレーが飛び出すか。笑談29として3ホールを生中継しますのでご期待ください。

笑談 考

## 29 ▼ダジャレカップ第2ラウンド

まずはスタート前の４人からのひと言です。

池田　今日は天気もいいし朝イチのゴルフ場は最高だね。日曜の朝だからおはようサンデーだね。

柴田　寝坊して駆けつけたから朝食抜きでチョーショック。力が入らないな。言い訳だけどイイワケない。

羽柴　今日は雨男返上。パーを３つとるのが今日の目標だね。パー３つがパーミッ（３つ）ションだ。

丹羽　バンカーは苦手だから何とか避けたいね。入ると出ないから頭にくるよ。イヤンバンカー！

---

いよいよスタート。１ホール目はパー５のロングホール。ティーショットです

池田　ありゃ、ちゃんと当たらずナイスチョット。わずか30ヤード。当たらずとも遠からず。

柴田　ファー、低く飛んで前のレディスティーに当たって跳ね返ってきた！目の前を通り過ぎてバックティーまで飛んでいった。

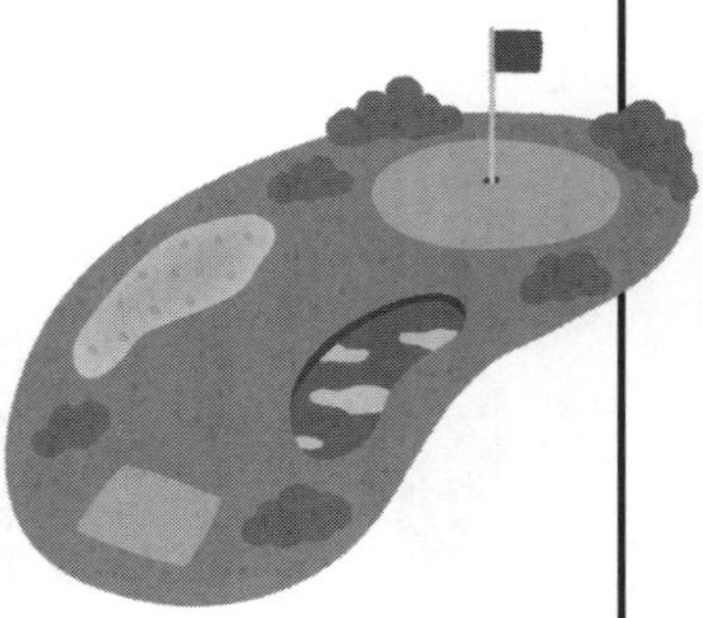

　　　バックティーは大嫌い。ティーバックは好きだけど。
羽柴　おい、ハチが飛んで寄ってきたぞ。8（ハチ）叩かなければいいけれど。
丹羽　おっと、右に曲がってにわかスライスだ! 朝メシでオニオンスライス食べ過ぎたかな。

皆さん、出だしから苦労しましたが、やっと1ホール目のグリーン上のパットが終わりました。さてスコアは?
池田　チョロチョロばかりで苦労した。途中は刻んで、刻んでやっとオン。パットともチョロってチョロ9だ。
柴田　低空飛行が続いたけど、グリーン周りからもアプローチが低空飛行でチップイン。パッとしないけどラッキー7。
羽柴　予感が的中だ。やっぱりハチに好かれて8叩き。ハチすか（れ）で5、6ならよかったけど。パーはパーでも8のパー。
丹羽　グリーン上でもスライスラインを読み切った! 1パットだから6（ロク）デナシの5です。

さて2番ホールは池越えの100ヤードの短いショートホール。

池田　今日は短く刻んだショットが多いから手前の池は要注意！ あれ、池の鯉が危険を察知して移動しているよ。コイの予感か？ エイ！ あー、やっぱり池だ！ 私の名前も池田だよ。

柴田　あー、またまたトップした！ 何と水切りショットでナイスオン。ラッキー続きだね。コイには当たってないぞ。昔も今も。

羽柴　ナイスショットだけどグリーンのカラーで止まった！ これが得意の端々（はしばし）ショット。アワヤノリコでパーのチャンス

丹羽　ありゃ、ゆっくり振ったらクラブにボールが乗って後ろに飛んでいった。今日はよく後ろに飛ぶね。後の正面だーれだ。俺だ！

結局、池田さんは池ポチャが響いて6、柴田さんは水切りショットを活かしてパー、羽柴さんは端々（はしばし）ショットからこちらも見事にパー、丹羽さんはうしろ面のワザがたたって5でした。

---

さあ、中継の最終。3番ホールはパー4のミドルホールです。

池田　これはナイスショット！ やっと飛んだよ。ホンイチショットだ。よく転がっている。

銀座の花屋だ。ランで稼ぐ。
柴田　あっ、またまた低空飛行。今日は低空飛行で縛ったかな。抵抗したいけど腹が減って無抵抗。
羽柴　あれ、高く上がったティーショット。こっちは天まで届く天ぷらだ。今日の昼飯は天ぷらで決まり。朝飯分も食べるぞ。
丹羽　いい当たりだけど最後に転がってバンカーに入った。バンニューだ。イヤンバンカー！

というような感じでわずか3ホールの中継でしたが、やはり珍プレー、ダジャレ続出のダジャレカップ戦でした。ダジャレにキリがなく、ショットにキレがないのでこの辺りで中継は終了です。お後はよろしくないようですが……。

笑考

## 7 健康に留意 — 自分の健康は自ギャグネタ

個人差はあるでしょうが、若いころは体調や健康にあまり気を使うことなく過ごしていた気がします。それが年を重ねるごとに身体のそこかしこに不調をきたすようになり健康問題が発生します。年配の人たちが集まる会合では健康が最大のテーマ、関心事となります。

人の健康については個人情報保護の観点からはギャグとして使うのはふさわしくありませんが、自ギャグネタとしては使えます。あまり深刻ではない怪我や病気で、笑いながらネタとしてご披露できるなら、ざっくばらんな人としての評価も上がりますし、貴重な体験談だけに注目度も上がります。

### 笑談30 ▼ユルハラ

笑談15でご紹介したゴルフ場での下ネタ系失敗をしでかしたある方は、自分が探し当てたある名医の腹腔鏡手術を受けて無事に胆のうをとりました。実は私も同じ〝胆のうとりの名人〟の先生から腹腔鏡手術を受けてうまくいった〝ノータン仲間〟です。名医でしたのでその方から始まって、私も含めて多くの人がその先生のお世話になりました。私もその先生の手術を受けなければ、ちょっと手遅れ気味だったのでどうなっていたかわかりません。その先生、そしてその名医を発掘してくれたその方には感謝、感謝です。

私は胆のうをとってからの体調はいいのですが、なぜだかわかりませんが食後の大がゆるめで落ち着くまでは何回もトイレに通う状態です。聞いてみるとノータン仲間の多くの人が同じような状況です。出るものが出ないのも困りますが、出るものが出過ぎるのも困りものです。

ですからまだ会社勤めで通勤している時はいつも〝ユルハラ〟を心配していました。ユルキャラなら可愛くていいのですがユルハラは危険です。「出物、腫れ物所嫌わず」。我慢に我慢を重ねやっとたどり着いたトイレが、なんと使用中だった時の失望感、絶望感と言ったらありません。悲壮感が漂います。

ですから私は通勤途上の最寄り駅やビルのどこにトイレがあるか、それもウォシュレット付トイレがどこに、いくつあるのかまでしっかりと頭の中に入っていました。これは利用者にとっては貴重な情報だったかもしれません。本やネットで公開すれば結構人気を呼んでいたかもしれません。

通勤地獄から解放された今は、駅やビルのトイレに駆け込むこともありませんが、たまにその近くを通った時に、鮮明に苦しかった時がよみがえり、手のこぶしに力が入り、しかめ面になります。

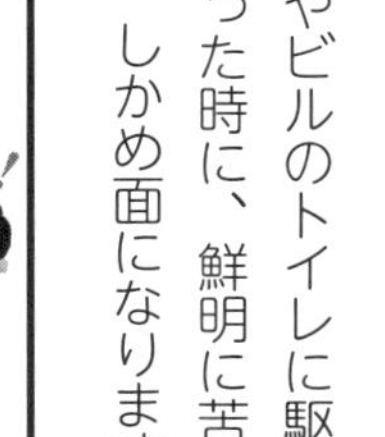

## 31 ▼親指の思い出

胆のうも身体の右側にありますが、私はどちらかというと身体の右側ばかりを怪我したり、手術を受けたりしています。考え方もどちらかといえば右寄りではありますが……。

最初の右の怪我は手の親指の付け根辺りです。小学校高学年のころ、家の近所の空き地で友人と遊んでいた時のことです。二つに割れた牛乳瓶が落ちているのを見つけました。いかにも私が力で二つに割ったように見せるためにそれを拾い上げてくっつけ、パッと離した瞬間に加減を間違えて、自分の右親指の付け根を切ってしまいました。友人を驚かせようと思ってやったことでしたが、自分がビックリ。スパッと切れた傷口から血がどんどん噴き出してきます。骨を覆っている白い膜のようなものも見えています。

私はあわてて家に飛んで帰りました。平日だったかもしれませんが、幸いなことに父親が風邪をひいたか何かで家で休んでいました。父に見せると、父もあわてて、すぐに病院に連れて行ってくれました。結局指を戻す腱も切れており、すぐに手術。何とか事なきを得ました。治るまでに何ヵ月か病院に通ったことを覚えています。今でも私は割れた瓶などを見ると身の毛がよだちます。父はそれまでパチンコに凝って母を悩ませていましたが、私のその〝事件〟以来、何を思ったか、すっかり改心してパチンコをやめてしまいました。私は痛い目に遭いましたが、父の決断のお役に立てたのかと思うと少しは痛みが和らぐ思いでした。父はもう亡くなりましたが、傷ついた右の親指を見るたびに親のことを思い出します。小指の思い出ならぬ、親指の思い出です。

身体の右側の怪我はまだほかにもあります。入社して間もない頃、社内対抗の球技大会のバスケットボウルの試合に出て、右足首をひどく捻挫したこともありました。これは「笑談力」書籍にも書きましたが、営業でお客様まわりをしている時に転んで右ひざのお皿を割り、救急車で運ばれたこともありました。

手術では高校生の時の盲腸、大学生の時の腎臓結石、そして胆のう。すべて右ばかり。どうも右に偏っている感じです。

そういえばゴルフのショットも右に出ることが多いのは気のせいでしょうか。分かりません。

## 8 ドッキリ、いじり、してやられ

テレビ番組で時々やっている「ドッキリ・カメラ」。大体は何も知らされていない、だまされている対象者が話に乗り、最後に用意周到に仕掛けられた一件であるのがわかってビックリ。「知らぬは本人ばかりなり」という事情が判明して大笑いという筋書きです。

テレビ番組ほど手が込んでいなくても、日常でも同じようにドッキリ、だまし、からかいなどによって笑いをとることはできます。ただしこれは「いじめ」ととられかねない危険性があります。度が過ぎると対象者は傷つき、笑えるどころか、怒り心頭の笑えない話になってしまいます。最後には対象者も笑って済まされる結果、オチとなるように十分に気配りをして仕掛けたいものです。

### 笑談 32 ▼濡れ衣

私は若いころに全く偶然に人をはめて、貶めてしまった経験があります。確か勤め始めたばかりのころの話です。友人に話したいことがあるので電話をしたところ、そのお父さんが出てくれました。友人を電話口まで呼んでくれたのですが、当時使われていたダイヤル式の黒電話は、今の電話のようにその間を音楽でも流して保留にしておくような機能はありません。そのお父さんは私の友人が来るまで電話を耳に当てながら持ってくれていたようです。

その時私は急にオナラがしたくなって、電話を待ちながら「ブッ」と大きな音を立ててしまいました。するとそのお父さんが「ダメだよ、ばあちゃん。今電話がつながっているのだから!」と大きな声でたしなめています。どうやら電話機の近くにその家のおばあちゃんがいて、私がブッとしたオナラの音を電話で聞いたお父さんが、そのおばあちゃんが横でしでかしたと勘違いしてしまったようです。とんだ濡れ衣です。

「これはまずいことになった」と思いましたが後の祭り。今更「私がやりました」とも言えずに沈黙。しばらく電話を持ったまま、気まずい空気が流れていました。友人が電話に出たところでその気まずさは終わり。その一件は迷宮入りとなってしまいました。私は別に人をはめるつもりはなかったのですが、結果的に人を貶めることになってしまいました。

もうそのおばあちゃん、お父さんも亡くなり、友人とも疎遠になってしまったので「終わった話」になってしまいましたが、今でも私にとっては取り返しのつかない、申し訳なかった、それでいておかしさもこみ上げてくる反省、懺悔する濡れ衣の一件となってしまいました。

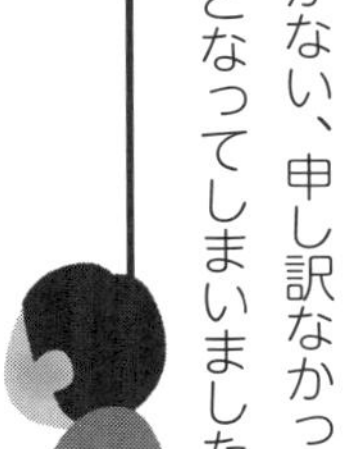

笑談 笑考 33

## ▼ヒト番付

日経MJの12月の看板紙面にその年のヒット商品を相撲の番付のようにランク付けして紹介する「ヒット商品番付」をご存知でしょうか。その年に話題を集めた商品やサービスを横綱、大関から前頭までランク付けして紹介する企画です。

私は大阪で勤務していたころに、この「ヒット商品番付」をヒントに「ヒト番付」という宴会芸を編み出しました。これはあるテーマを決めて、それに該当する職場のヒトを番付表に仕立ててランク付けして紹介していくものです。

例えば「お酒の強いヒト番付」とか「歌のうまいヒト番付」とか「しゃれたネクタイを占めているヒト番付」とか、テーマは何でもいいのですが職場で噂、話題になっている、皆の関心が高いテーマを選びます。

模造紙に手書きでテーマと番付を書きます。番付には目隠しをして下から順に開けて発表していきます。

私は行司役ですので軍配を持って淡々と発表していきます。例えば「お酒の強いヒト番付」などは、お酒を飲んだ時の失敗談やエピソードなどもご披露しながら発表していきます。失敗談をご披露した時は皆さん大喜び、大盛り上がりでした。だいたいは皆さんが想定している番付、ランク付けになるのですが、中には私が人から仕入れた「特ダネ」をもとに上位に番付するとその意外性、新鮮さがウケて注目度が増しました。

やはり職場の皆さんからの笑いの支持を得られたことがうまく行った要因だと思います。

今から考えるとちょっとユニークな「ドッキリ」のワザでした。

## 9 時事ネタで〝じじい〟ネタ？

時事ネタは今、巷で話題になっている、世間を騒がせている〝事件〟ですから、皆さんの関心も高く旬なネタです。注目度が高いだけに笑いの仕掛けのしやすさがあります。一方、皆さんがよく知っているネタだけに、持って行き方によってはすでに何度も聞いたことのある話になってしまい、面白くない話になりかねません。

結局、時事ネタを披露したものの笑いは起きず「集まったじじいは皆寝た（ネタ）」ということにもなりかねません。時事ネタは鮮度を見ながらの勝負になります。やはり新聞やテレビ、ネットなどで絶えず各方面のニュースをチェックし、新しい時事ネタを仕入れる努力が必要です。政治、経済、国際、社会、文化、スポーツ、芸能などさまざまな分野で時事ネタを拾うチャンスはありますが、自分の得意分野を持っておくのも大切です。

笑談34 ▼ 忖度

2017年に流行語になった言葉に「忖度」（そんたく）があります。「すんたく」と読んでいる人もいましたが、正しくは「そんたく」です。森友学園や加計学園に関するニュースから「モリ」「カケ」という何かソバのようなおかしな流行語も生まれましたが、「忖度」もそれまではあまり聞いたことがない、馴染みの薄い言葉でした。

さすが笑い、話題をとるのに長けた大阪ではすぐに「忖度まんじゅう」が発売されました。まんじゅうだけにその食いつきの早さは見事なものです。

私は「忖度」と言う言葉の意味が「他人の気持ちをおしはかること」ということなので、「そんたく」に近い読み方でこの意味を表せる言葉がないかを探してみました。すると「そんたく」の「そ」の字を、同じ「さ行」で変えていくと使えそうな言葉がいくつか出てきました。「さんたく」（三択）、「しんたく」（信託）、「せんたく」（選択）。これを使って文章を創ると「忖度とは三択ではなく、ある人を選択して信託すること」という、何となく本来の意味に近い仕上がりになりました。「さ行変書く活用」です。

これを皆さんの前で披露すると結構笑いながら「なるほど！」と感心してくれる人がいました。自信を得た私は「そんたく」の「た」を「と」に変えて「損得」になることも〝発見〟。

「忖度とは損得をおしはかること」などと調子に乗った見解も発表しました。こちらは「た行変書く活用」です。

「加計」が「計ることを加える」というのも何か「忖度」の意味に近くておかしいですね。

「忖度まんじゅう」ほどのうま味はありませんでしたが、とりあえず「じじいが寝ない」時事ネタとなりました。

## 笑談35 ▼SMAP解散

芸能界のニュースも関心の高い時事ネタです。2016年の「SMAP（スマップ）解散騒動」も大きなニュースとなりました。国民的な人気アイドルグループの解散劇は、紆余曲折の道をたどり大きな注目を浴びました。

ファンにとっては残念な結果になってしまいましたが、国民的な人気があったグループだけに年配のわれわれの間でもこの解散劇は話題になりました。「素マップ」だから、もっと「素敵な地図」を描けなかったのかという、解散を惜しむ声も聞かれました。

その後、旧メンバーの3人がファンサイトを開設し、その新聞広告や動画でのメッセージが話題になりました。そのファンサイトの名前は「新しい地図」。解散した元スマップメンバーのファンサイトだから「新しい地図」。ネーミングがちょっとしゃれていますね。

この辺りまでフォローして時事ネタとしてご披露できれば、単なるじじいネタではなくなるかもしれません。

いずれにしろじじいもネタにしたいほどの、残念な国民的話題の時事ネタではありました。

# 第3章

# 笑いをうむ19のワザⅡ

## 10 アメリカ大統領のジョークに学べ

アメリカの大統領は総じてジョークがうまいと言われています。私も拙著「笑談力」の中でオバマ前大統領が放ったしゃれたジョークを取り上げました。記者会見でいつもの紺やグレーではなくベージュのスーツを着たところ賛否両論が出ました。翌日大統領補佐官から「大統領は昨日の『決断』に自信を持っている。記者会見で夏用のスーツを着たことだ」とのコメントがあり、記者団も大笑いしたというエピソードです。このようなしゃれたジョークをサラッと言えるところに余裕とセンスを感じます。私が感心した大統領のジョークがあるのでそれをご紹介したいと思います。

歴代大統領の中でもジョークのキレが一番だったのはレーガン元大統領ではないでしょうか。レーガン元大統領は俳優だった時期も長かったので「演ずる」ことに関しては手慣れたものだったのでしょう。周りを見渡して余裕を持って、その場に適した意外性のあるジョークをタイムリーに言い放ちました。有名なジョーク、エピソードとしては銃撃され凶弾に倒れた時のことです。病院に搬送され、いざ弾丸の摘出手術を受ける場面です。手術をする医師に向かって「皆さん、全員が共和党党員でありますように」。ご存知のようにアメリカの大統領は共和党か民主党かの党籍です。切羽詰まった緊急事態に及んでこの余裕のジョークが飛び出すのですからびっくりです。ところがもっと感心したのはその医師たちです。「ご安心ください。今日だけは皆、共和党員ですから」と言ったとか。大統領も凄ければ医師も凄い。こんなジョーク溢れるやり取りは日本ではとても期待はできません。

レーガン元大統領は緊急手術前に妻のナンシーさんにもジョークを飛ばしています。「身をかがめるのを忘れていた」。心配する妻を安心させるひと言ですね。自分の九死に一生かもしれない緊急時に、周りを気遣ってジョークを言えるとは尊敬に値します。素晴らしいですね。

日本の政治家にはあまりレーガン元大統領のようなジョークを期待できませんが、麻生太郎さんには注目です。ニュースでも随分紹介されたのでご存知の方も多いかもしれません。２００８年に麻生さんが総理大臣だったころに国連総会で演説した時のことです。演説の途中で機械が故障して演説が流れなくなってしまいました。普通ならこのトラブルに慌てふためくところですが、麻生氏はすかさず「日本製じゃないよね？」と言い放ったのです。英語が喋れるという能力と余裕があったからなのでしょうが、気が動転することもなくジョークで巧みに応じたのです。聴衆からはこの見事な対応に拍手が起きました。

やはりジョークも場数を踏んで余裕があることがナイスなショットをうみだす要因なのですね。

## 11 英語で笑う

アメリカ大統領の気の利いたジョークはもちろん英語によって発せられるわけですが、私もそうですが、日本人で英語を使ってアメリカ大統領のようなジョークを言える、ユーモアのある人はそれほど多くはいないと思います。麻生さんは稀有な方なのかもしれません。

しかし外国の方にも「簡単なジャパニーズ・イングリッシュでユーモアやジョークが十分に伝わる」と言い、実践されている方がいらっしゃいます。「おやじギャグ英語術」（飛鳥新社２０１２年）の著者の佐藤卯一氏です。同氏は、はとバスの外国人向けツアーガイドを50年以上されています。英語は簡単な中学生レベルで日本語なまりがあっても、外国の方と「いかに楽しくコミュニケーションしようかと考える姿勢が大事」だと言います。日々ガイドをされながら外国の方々に英語でおやじギャグを発し笑いをとっています。

私はある会社のトップを退くときに、楽しく交流していた若手の社員から同著をプレゼントしてもらいました。たぶん「ダジャレ好き、ジョーク好きの社長にふさわしい本」として贈ってくれたのでしょう。いや「少しは英語のギャグも勉強したら」というアドバイスだったのかもしれません。実際に笑いを引き起こした英語のギャグ満載の本なので、楽しく、面白く、あっという間に読んでしまいました。

同氏の指摘する「おやじギャグ英語術の3か条」は①すべるのをおそれず②日本を大好きになる③飛びきり大げさに話す―ということだそうです。ご自分の名前を「佐藤」だから「シュガー」と紹介したり、外国人にお土産として人気の「ハッピ」を「ハッピー」と和訳したり、笑いを起こしながら印象的に伝わるツボが全編を通して語られています。私の名前の「ヤスシ」も「スシ」でよかったのですね。

もちろんその笑いのツボが単に行き当たりばったりで得られたのではなく、いろいろと考え準備されたうえで実践され、導き出されたものであることが読めばよくわかります。英語のギャグに挑戦したい方はぜひご一読ください。

日本のダジャレのように英語を使った言葉遊びにPunがあります。動詞なら「もじる」とか「しゃれを言う」、名詞なら「ダジャレ」「語呂合わせ」と言った意味になります。

例えば

A：「How about my omelette?」

「オムレツの味はいかがですか？」

B：「Eggcellent」

「エッグセレント」

A：「What is the seasoning that you catch?」

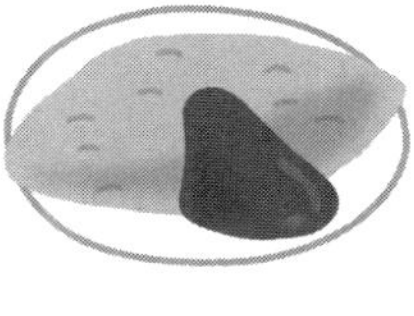

「あなたが捕まえる調味料はなに？」

B：「Ketchup」

「ケチャップ」

A：「Why is Peter Pan always flying?」

「ピーター・パンはなぜいつも飛んでいるのですか？」

B：「He "never lands."」

「ネバーランドだから」

といった類です。「ひとつの文章または対話の中に二重の意味がある」ということで、英語では「double meaning jokes」とも言うようです。

こうした例文はネットなどから入手できますので、いくつか仕入れて外国の方との交流のチャンスが来たら、思い切ってチャレンジしてみるのもいいですね。

## 笑談36 ▼エスカレーター

知人から仕入れたPunがひとつあるので笑談として披露するとともに、英単語を使った日本語ダジャレをまとめていくつかご紹介します。

会っていた友人と一度別れて「後ほど、また」と言う場面で。
A：「See you later」
B：「Escalator」
たったこれだけですが、二人の別れた場所が再開する場所がエスカレーターの前だったのですね。

「笑談力」書籍でもいくつかの英語もどきジョークを紹介しましたが、その中で評判が良く笑ってもらえたのが、外国に行ったときに経験する入国審査のシーンです。
入国審査官：「今日は何で来ましたか？ビジネスですか？」
旅行者：「いいえ、エコノミーです」
初めての入国審査に緊張したのか、「入国の目的」を聞かれたのに、「飛行機の座席のクラス」を聞かれたと勘違いして答えた滑稽（こっけい）な場面です。

このやり取りは果たしてネイティブの外国の方に通じるのか、一度試してみたい気がしますが、まだチャレンジできていません。

**英単語ダジャレ　その他**

- これだけ雪が降っていると明日はツモロー
- 昨日は家で勉強していたからイエ・スタディー
- 月曜の朝は通勤・通学に気がすすマンデー
- 金曜はフライを食べようフライデー
- 春は外で跳ねているからスプリング
- 夏は暑さをサマーしたい
- 秋はだれにオータム
- 冬は皆が家でウインターネット
- コージーコーナー工事中
- 茶色のレンジに変えるのはチャ・レンジだ
- ある人はお酒に呼ばれるアル・コール

●優秀な母が帰ったらオカエリート

## 12 落語に学ぶ

落語を聞いて笑うのが好きだという方も多いですね。落語は仏教のお説教の中から生まれたと言います。「お説教を聞いているうちに眠くなって居眠りする人を、笑い話をして目を覚まさせる」ためだったそうです。説教は「始めしんみり、中おかしく、終わり尊く」という構成で、この「中おかしく」が独立して「おとしばなし」＝「落語」となっていったわけです。

その「中おかしく」で16世紀から17世紀にかけて活躍したのが「落語の祖」といわれる、浄土宗西山派の僧の安楽庵策伝（日快）です。策伝は「醒睡笑」という千を超える「おとしばなし」を載せた笑話集をまとめています。

皆さんの前で落語を一席ご披露できるような腕前があれば素晴らしいですね。そんな人なら社内のイベントなどで大活躍。人気者としてひっぱりだこでしょう。落語を一席できなくても、その中の「オチ」（サゲ）を使って笑いをとることもできます。落語は一般的には「マクラ」「本題」「オチ」で構成されています。この中で笑いの一番濃い部分、「終わりよければ……」の期待を持たせるのが「オチ」です。「オチ」がうまく機能するかを心配したら、オチオチ聞いていられなくなってしまいます。

「オチ」にもまた何通りかの分類、パターンがあるようです。ダジャレを使って落とす「にわかオチ」（地口オチ）、調子よく話が進んで終わる「拍子オチ」、立場が入れ替わる「逆さオチ」、あとでよく考えるとおかしさがこみ上げる「考えオチ」、最後に噺の最初に戻る「まわりオチ」、意表を突く意外性のある「見立てオチ」、間抜けなことを言って落とす「間抜けオチ」、決めの台詞で締める「とたんオチ」、まったく関係ないことで終わる「ぶっつけオチ」、身振りの表現で終わる「しぐさオチ」、時間がない中でキリのいいところで終わらせる「冗談オチ」などです。オチだけでもこんなに多くのワザがあります。このうちのひとつでなく二つ、三つのオチとなっている噺や、はっきりと分類できないオチもあるようです。

私はダジャレクリエイターですからこの中では「にわかオチ」に惹かれます。落語のオチの中でもこのダジャレを使って落とす「にわかオチ」が一番多いそうです。ダジャレですので、それこそ瞬間〝愉〟沸かし機でドッと笑いが起きます。どんな落語にどんな「にわかオチ」が使われているのか少し見てみましょう。

拙著「笑談力」でも紹介した「牛ほめ」では、叔父さんの新築祝いに行った与太郎が、柱の節穴に秋葉神社の火の用心のお札を貼ればいいという父の入れ知恵を伝え、褒められたのに調子に乗って、牛の尻の穴にもお札を貼ればいいというあきれた思い付きを披露。「穴が隠れて屁の用心になる」というオチになります。

「錦の袈裟」では、寺の和尚に借りた錦の袈裟を下帯替わりに締めた与太郎が吉原で大モテとなります。おいしいところを持って行かれた一緒に来た若い衆が朝になって与太郎を起こして帰ろうとすると、花魁が「今朝は帰さない」と言います。それを与太郎が「袈裟を返さない」と聞いて大慌てするというオチです。

「今朝」と「袈裟」の同音異義語＝ダジャレをうまくオチにしています。私が「笑談力」で紹介した「朝刊とかけて坊さんととく」「その心は今朝（袈裟）きて今日（経）よむ」というダジャレとよく似ています。

「火焔太鼓」は、ロクなものを仕入れない道具屋の甚兵衛さんが、また市で売れ残った太鼓を一分で仕入れます。女房からは文句を言われますが、太鼓の埃を払う時に出た音を聞いたある殿様がこれを所望し、銘品の火焔太鼓ということで何と三百両で売れてしまいます。女房は大喜び。これからは道具の仕入れは「音の出るものに限る」と言います。甚兵衛さんが「それじゃ、半鐘でも買って叩くか」と言うと、女房が「半鐘はいけない。オジャンになるから」というオチになります。

このほかダジャレを使った「にわかオチ」の嚆矢としては、「買わずとカワズ（蛙）をかけた『金明竹』」「やかんを矢カーンとかけた『やかん』」「真宗（信州）と奥州をかけた『宗論』」「土蔵と五臓をかけた『ねずみ穴』」「おこわにかけた（騙した）とゴマ塩頭をかけた『居残り佐平次』」「かご描きと駕籠かきをかけた『抜け雀』」「割れても末に（買わん）と（逢はむ）をかけた『崇徳院』」「（調べ）と（仕上げ）をかけた『大工調べ』」「（火屋）と（冷や）をかけた『らくだ』」「鯉と肥をかけた『家見舞い』」など枚挙に暇がありません。

頭の片隅においておけばダジャレのオチとしてご披露できるチャンスが巡ってくるかもしれません。

## 13 川柳の世界

川柳は生活や世相を敏感にとらえて風刺的、滑稽に描写する日本ならではの魅力的な芸です。私もこの風刺の利いた、おかしみがじわじわと伝わってくる笑いのワザである川柳が好きです。時事ネタを扱っているものも多いのですが、決して〝じじいネタ（寝た）〟にならない人をハッとさせる、また頷かせるおかしみが表現されています。

江戸時代の中期に連歌や俳諧連歌の付け句から発展して川柳になったと言われていますから、伝統はあるものの落語よりは新しい笑いの芸ですね。優れた川柳にふれると日本人もフランス人に負けないぐらいのエスプリの利いたユーモアの心があるのだと誇らしくなります。

柄井川柳（八右衛門）が呉陵軒可有の協力を得て刊行した「誹風柳多留」には味わい深い川柳が数多く収められています。

「役人の　子はにぎにぎを　よく覚え」

何か忖度をしながら生きている親の姿が見え見えで、それがいつの間にか子供に伝わっているのが巧みに表現されていて笑えます。現代社会にも通じるおかしみ、風刺の利いた一句です。

「これ小判　たった一晩　ゐてくれろ」

これも気を許していると、あっという間にどこかに逃げて行ってしまうお金の特徴を実によくとらえています。だから「お足」なんですね。この句も時代を超えて世相をとらえたこっけいさ、巧みさが伝わってきます。

こんな素晴らしい句は簡単には創れませんが、それでも風刺の利いたおかしみ、滑稽を勉強するには川柳づくりに挑戦してみるといいですね。

作句に当たっては、何を題材として選ぶかという発想や見方、素材の新鮮味、取り上げる角度、描写が重要だといいます。自分のことであれば観念的ではなく具体的に描写できます。優れた川柳はウガチ、おかしみ、軽みの三要素が一体となって、ならではの味が出ると言われます。

ご本人のセンスもあると思いますが、上達の道は「なるほど！面白い！」と思われる優れた作品に数多くふれてコツをつかみ、自分でも挑戦してみることだと思います。自分の今の立ち位置や生活のさまざまなシーン、関心のある時事ネタなど分野別に考えてみるのもいいと思います。ゴルフなどのスポーツや料理などジャンルを絞った川柳を募集しているところもあります。テーマが絞られていたほうが創作しやすいかもしれません。

さまざまなメディアや協会、業界団体、企業などが川柳を募集しています。皆さんの中にもすでに応募されている方もいらっしゃるのではないでしょうか。

社内の行事などに合わせて「川柳コンクール」を企画すれば、傑作が殺到し大盛り上がりになるかもしれません。第1章でご紹介した「働きやすく生産性の高い企業・職場表彰」に選ばれた企業の中にも、川柳を社内公募して運動の理解浸透を図るところがありました。

私も「誹風柳多留」の川柳に刺激を受けてこっそり自分なりに創作したりしています。そのうち川柳の応募にもチャレンジしようと思っています。私の場合は得意ワザを活かしてダジャレ川柳が多くなりますが。

恥ずかしながらそのいくつかをまとめて笑談37としてご紹介します。できの悪さに笑う読者の方もいらっしゃるかもしれませんが……。

## 笑談37 ▼自作川柳

**《川柳　定年関連》**

●ゴミ出しで　曜日がわかる　定年後
●今日イオン　明日ジャスコで　日が暮れて
●終わってない　終わった人の　負け惜しみ
●早起きで　ニワトリ起こす　昨日今日

**《川柳　生活関連》**

●日めくりの　減った分だけ　年は増え
●デパ地下の　必須アイテム　マイ楊枝
●酔っ払い　時空を超えて　朝帰り
●ファミレスで　ミディアムレアを　強いる客

**《川柳　ゴルフ関連》**

●バンカーで　大砂嵐　リタイアー
●食い過ぎた　それで杭過ぎ　ＯＢに
●ゴルフ場　バブルの資産も　泡と消え
●横に出す　言ってたはずが　林中打

**《川柳　時事ネタ》**

●ややこしい　立憲・国民　民主党
●消費税　込みで煮込みを　追加する
●モリカケで　キツネとタヌキが　化かし合い
●排除され　希望の光　今いずこ

## 14 小道具を使う

ダジャレやジョークがポンポンと飛び出し、お客様や同僚と笑いのコミュニケーションが順調に取れている時はいいのですが、そんな日ばかりではありません。どうも調子が出なかったり、きっかけが掴めなかったりする時はだれにでもあります。そんな時には小道具の力を借りるのも一法です。もちろんそれには事前の準備、備えが必要になります。

「笑談力」でもご紹介しましたが、現役のころの私の小道具、必須アイテムはネクタイでした。オンワード樫山がダジャレやことわざをモチーフにした「ジョーク・タイ」を販売しています。私がその存在を知ったのは「ダジャレ好きの社長にピッタリ！」とばかりに、社員の有志が2本プレゼントしてくれたからです。

一本は表面にNY（ニューヨーク）の文字がいっぱいデザインされた片隅に、女性が艶めかしく入浴しているシーンがワンポイントで刺繍されています。もう1本はクリケットに興じる男女の選手に交じって、1ヵ所、「栗を蹴っている選手」がデザインされています。「栗を蹴っているからクリケット」。どちらも単純なダジャレをモチーフにしたネクタイですが、これをお客様の前で披露したところ大ウケ。そもそもダジャレをあしらったネクタイがあることなど知りませんから感心するやら大笑いするやら。とても盛り上がりました。

これに味を占めて「ジョーク・タイ」を揃え始めましたが、1本が1万円近くもするのでそれほどは買えません。それでもウケたいばかりに頑張って購入し結局十数本のコレクションとなりました。マニア的に500本以上を集めていらっしゃる方もいるそうです。私の持っているアイテムはことわざモチーフのものが多く、「七転び八起き」とか「笑う門には福来る」とか「両手に花」などをモチーフにしたネクタイはいろいろなビジネスシーンで活用しました。仕事がトラブル続きの最後にうまく運ぶことを祈った時には「七転び八起き」のネクタイを、お会いした時から笑顔で接したい時には「笑う門には福来る」のネクタイを、頼みごとが二つともうまく行った時には「両手に花」のネクタイを、といった具合です。

私が「今日はどんなネクタイをしてきているのか」を楽しみにされていたお客様もいて、このネクタイによる小道具作戦は見事に成功しました。

ネクタイほど値段が高くなく話題、笑いをとれる小道具に「干支ハンカチ」があります。十二支の動物がハンカチの片隅に刺繍されています。個人情報ですがお会いする方の干支を事前にこっそりと調べておき、タイミングのいい時にお出しするとこれまた大ウケ。こちらもあまりご存知の方はいらっしゃいませんでしたので円滑なコミュニケーションに威力を発揮しました。もちろん差し上げるわけですが、単にポンとお渡しするのではなく私なりのダジャレを添えます。

子年の方には「そうしマウスか」とか、丑年の方には「ウッシッシ」とか、寅年の方には「トラディッショナル」とか、午年の方には「ウマが合う」とか、戌年の方には「ワンダフル」とか、何でもいいのです。よく考えると単純でそれほどおかしくもないのですが、なぜか笑いが起きます。辰年の方が二人いた時には「ツータツします」などと言ったこともありました。

差し上げて断られた方はいなかったので、こちらも成功したアイテム・小道具でしょう。

シャツも探せばいろいろなデザインのものがあり、笑いをうむワザに使えるのでしょうが、仕事着ではなかなかそうも行きません。そこで私は色などでいろいろ考えました。エンジのシャツを着ている時は「エンジン全開！」とか、エンジに近い色のシャツなら「今日はエンジ・ニアになりました」とか、縦縞のシャツなら「ヨコシマ（邪）ではありません」とか、こちらも単純なダジャレ、ジョークですが結構笑ってくれました。ゴルフウェアではスマイルがデザインされたものを持っています。ナイスショットでない時も笑っています。

シールも笑いのコミュニケーションのグッズとして活用できます。私の携帯電話の裏面にはハートのシールが貼ってあります。これを見せながら「ハットした」とか「ハートトリック」とか他愛もないことを言うと、ちょっと笑いが起きます。携帯で写真を撮る時には「はいこのハートマークを見てください。あなたのハートをわしづかみ！」などと言って構えれば笑いと注目度も高まりいい写真が撮れます。

このほか使える小道具としては応接室に掛けてあるカレンダーや置いてある花瓶、生けてある花、イス、テーブルなども事前に考えておけば、笑いを引き起こせる小道具に変身します。自分の持ち物としては帽子や時計、カバン、ペン、クリアファイルなど笑いの起きる仕込みをしておけば立派な笑いを引き起こす小道具となります。要は場面を想定し事前の仕込み、準備ができるかです。

## 15 数字で遊ぼう

数字の語呂合わせは単純ですがハマると面白さがうまれます。頭の体操にもなりますし。皆さん、歴史の年号を覚えるのに語呂合わせにお世話になった経験をお持ちだと思います。それもはるか昔の話なのに今でもその年号をスラスラと言えるのではないでしょうか。

１１９２年（イイクニつくろう頼朝さん＝鎌倉幕府成立）、１４９２年（イヨクニ燃えるコロンブス＝新大陸発見）などはその代表例でしょう。最近では鎌倉幕府成立を１１８５年とする学説がありますが、そうなると別の語呂合わせを考えないといけないですね。「イイヤゴくろう頼朝さん」とか。「くろう」だと義経を思い浮かべてしまいますが……。

脳科学から見てもこの語呂合わせ記憶法は、記憶をより確かなものにするといいます。年号をそのまま頭に入れるよりも、「イイクニ」とか「イヨクニ」とかのワンフレーズで覚えたほうが、脳を使うスペースが少なくてすむからだそうです。

私も毎朝、起きるとその日の日付で語呂合わせを考えノートに書きます。調子よくいくつもの語呂合わせが浮かぶ時もあれば、なかなかいい語呂合わせが浮かばない時もあります。勝手に語呂合わせで「今日は何の日」と自分で設定したりします。同音異義語がいくつも浮かんでダジャレに発展することもあります。「１日１ダジャレ」の出発点はまずその日の語呂合わせからです。

１月１９日はイイクで俳句の日、２月６日はフロで風呂の日、またはフロクでおまけの日、３月８日はサンパツで床屋の日、４月８日はヨツヤで四谷の日、５月６日はゴムでゴムの日、６月１０日はムトウで無糖の日など、単純ですがキリがありません。定年退職するとその日が何日の何曜日かも怪しくなる危険性がありますが、こうして語呂合わせでしっかりと確認すればそんな心配もありません。

６月１０日のムトウから無糖が浮かびましたが、同音異義語を探すと武藤、無灯、無答などがあります。これをちょっと考えて並べると「武藤さんが無灯の部屋で無糖のコーヒーを飲んでいた。呼びかけたが無答だった」と言ったダジャレ入りの文章となります。こんな語呂合わせで「1日1ダジャレ」をクリアする場合もあります。

数字をどう読むかで語呂合わせの広がりも違ってきます。決まりはないのでしょうが例えば、

0は「ゼロ、ム、レイ、レ、ナシ、ワ、ハ、ラ、オウ」
1は「イチ、イツ、イ、ヒトツ、ヒ、ヒト、ワン、アイ」
2は「ニ、フ、プ、ジ、ツー、フタツ、アル」
3は「サン、ミ、サ、スリー、ミッツ」
4は「ヨン、ヨー、ヨ、フォー、ヨッツ、スー」
5は「ゴ、イツ、コ、ファイブ、イツ、ウー」
6は「ロク、ム、シックス、ムッツ、ル、リュー」
7は「ナナ、ナ、シチ、セブン、チー」
8は「ハチ、ヤー、ヤ、エイト、ヤッツ、パ」
9は「キュー、ク、ココ、ナイン、チュー」
10は「ジュー、トウ、テン」

と言ったところでしょうか。

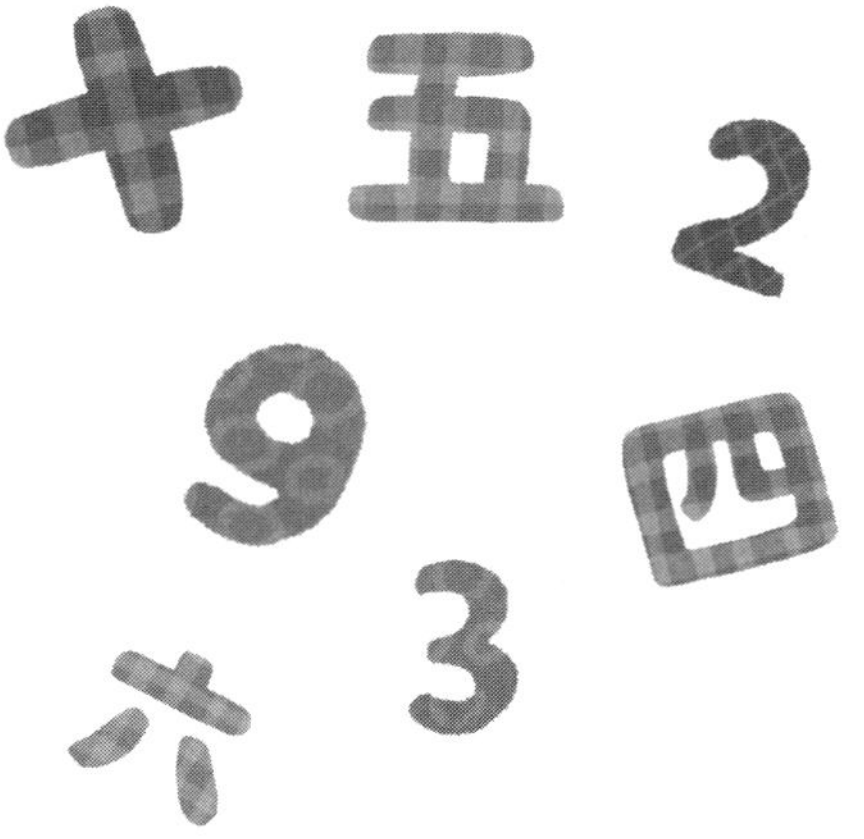

ある程度読み方の共通認識がないと語呂合わせも成立しません。英語読みや中国語読みもアリでしょう。あまりにもかけ離れた読み方、語呂合わせではムリがあり人に伝わりにくく面白くありません。

ポケベルが活躍していた時には数字の語呂合わせのメッセージが届きました。０８４０（おはよう）、７２４１０６（なにしてる？）、８８９（はやく）、０９０６（おくれる）、３４７０（さよなら）など。数字の語呂合わせの共通認識があって初めてメッセージとして成立していました。

この世の中は数字にあふれていますから、語呂合わせはいろいろな分野で活用できます。大切な人の誕生日や生年月日、車のナンバー、電話番号、各種カードの番号、マイナンバー……など。人は必ずいつかは亡くなるのですが、自分が生きていない未来の年号に語呂合わせを活用して「今日は何の日」と勝手に設定してみるのも面白いですね。まるで自分がその時を生きているかのように。自分が命名したナイスな語呂合わせの「今日は何の日」が未来に独り歩きしているかもしれません。

人名や地名、動物、植物、野菜、果物、魚などの固有名詞も語呂合わせで数字に置き換えて遊べます。

伊藤さんなら１１０、仁藤さんは２１０、佐藤さんなら３１０、柴藤さんは４１０、後藤さん（510）もいます。武藤さんは610、工藤さんは910……。伊藤さんが1月10日生まれなら語呂合わせでとても印象的な自己紹介ができそうです。初対面でもすぐに覚えてもらえますよ。

動物ではサイ（31）、ウシ（54）、ヒツジ（122）などはすぐに思い浮かびます。トラ（100）はちょっと無理がありますかね。

植物では椎（41）、楢（76）、椋（69）クコ（95）。ツツジ（222）もありました。

野菜はオクラ（096）、白菜（8931）など。

果物はイチゴ（15）、ライチ（61）、ナシ（74）、イチジク（129）、ココナッ（972）など。

魚もいろいろ。ムツ（6）、フナ（27）、サバ（38）、コイ（51）、イワシ（104）、ムツゴロウ（656）。

会社、仕事に関することを数字の語呂合わせで表現してみるのも楽しいかもしれません。4319（予算いく）は喜ばれますが、4364（予算無視）はまずいですね。どこからか4380（予算やれ！）という声が飛んできそうです。

政治に関しても与党（410）、野党（810）の語呂合わせも考えられます。無党はどちらにも属さず中間あたりなので610ですかね。

数字の語呂合わせを探すには「語呂合わせジェネレータ」(seoi. net)という面白い生成機能を持った検索システムもあります。生成された語呂合わせが1位からランク付けされて表示されます。気楽に検索して楽しんで見るのもいいかもしれません。

今から30年後、2048年1月1日がどんな数字の語呂合わせになるかを試したところ、第1位には「連れション　敗因」という意味不明な、私に合っているような、笑える語呂合わせが検索されました。ちなみに3位は「プレッシャー　いい」でした。たぶんそのころは私もこの世にはいないでしょうが……。

## 16 個人情報注意報

最近は個人情報がむやみに外部に漏れて悪用されないように、その取り扱いが厳しくなってきています。個人情報はセクハラやパワハラなどのハラスメント、いじめにつながる場合もあるので慎重に扱うのは当然のことです。自分たちは笑いをうむ感覚で個人情報をネタにしたつもりでも、ネタの対象となった方が傷ついたりショックを受けたりすれば、それはいじめ、ハラスメントです。笑い話にもなりません。

自虐的なネタ(自ギャグ)ならともかく、もし他人の個人情報をネタにするならば十分な配慮が欠かせません。果たしてその方なら受け入れてもらえるのか……。個人情報をネタにする時は「注意報」が付きものであることをまず自覚しましょう。

個人情報としては名前や生年月日、年齢、干支、血液型、出身地、学歴、家族構成、記念日などが考えられます。名前は自己紹介などでも注目されますので、ちょっと考えて笑えるネタにしておけば自分のアピールにもつながります。会社や職場、仕事の関係でも活用できる場面はいくらでもあります。

## 笑談38 ▼ショウジ・ハリガエ

私があるゴルフ場で仲間内のプレーをした時のことです。女性のキャディーさんが付いてくれました。そのキャディーさんがスタート前に明るく自己紹介をしてくれました。「ハリガエと申します。今日1日よろしくお願いします」。若い方でしたが、聞くと結婚されて子供さんもいらっしゃるとのことです。「結婚する前の名前はショウジでした。ですからショウジ・ハリガエ（障子・張り替え）です」。このウイットに富んだ自己紹介に一同大笑い。皆さん、肩の力が抜けて和やかな雰囲気でスタートが切れました。

このキャディーさんは自分ならではの名前をお笑いネタとして上手に使い、お客様との円滑なコミュニケーション、交流ができています。仕事の上でもこの個人情報ネタが大いに役立っています。素晴らしいですね。

日本人の苗字は30万種類もあると言われています。NHKの人気番組「日本人のおなまえっ！」を見ていると、それこそ聞いたことのない珍しい苗字も多く、本当に番組名のように「えっ！」と驚かされます。まさにネーミングバラエティーです。ダジャレにも使えそうなお名前がいろいろと登場します。

## 笑談39 ▼イカさん

私の知り合いにこの番組にも取り上げられたステキなご夫婦がいらっしゃいます。そのお名前は烏賊（イカ）さん。古い文献にも登場する由緒ある名前だそうです。イカさんですからイカようにもダジャレが出せます。私はいつも待ってました！とばかりに、ダジャレの言い放題。「イカさん、今日の調子はイカがですか？」に始まり「イカづくし」のオンパレード。「以下（イカ）同文」などと言われてしまう場合もあるでしょう。それでも「イカめしい」顔をされることや、「イカった」態度を見せることもなくいつもにこやかにされています。本当にお名前通りの「イカした」ご夫婦です。

生年月日や年齢、記念日などは15で取り上げた「数字の語呂合わせ」を使えば、いくらでもネタが創れます。４月15日生まれの子は「ヨイコ」に違いありません。７月10日生まれの人は「ナットウ好き」かもしれません。トウフ屋さんに10月２日生まれの人がいれば面白い。29歳の仕事のできるニクい奴。34歳はサッシのいい人。36歳はミロク菩薩のようなミリョクのある人。40歳で恥をシレ、50歳は困る（コマル）ことが多くなり。60歳がムナシいことはありません。私も69歳がロクでない人にならないように頑張ります。すると70歳で老後生活にナレてきます。80歳はヤレヤレ。９０歳はク（苦）もなく、１００歳をトオレば万々歳。

出身地（地名）もネタとして使う時はそれなりの配慮をしましょう。その地に誇り、思い入れを持っている方も多いですから。

私の住んでいる千葉県でもいろいろとネタに使える地名があります。房総だけに暴走しないように気を付けて使っています。「姉妹の結婚は順番から行けば姉が先（姉ヶ崎）」「うっかり失敗。ヤッチマッタ（八街）！」「と思ったら調子が出てきた銚子の生まれ」「チャンスが来るまでマッド（松戸）」「マクドナルドに急げ、マック・ハリー（幕張）」「稲穂のように毛がふさふさ生えてきたら稲毛」「鶏好きな人がいるカシワ（柏）」「調整しやすい長生でのゴルフ」「そうさなあ、とつぶやきそうな匝瑳」（ソウサ）」「おどろくなかれの行々林（オドロバヤシ）」「海女さんいないのに海士有木（アマアリキ）」等。キリがないですね。

外国の地名でもいろいろと考えられます。最近の若い人は、ラインなどからお風呂に入るために離脱することを「フロリダ」などとしゃれて言っているそうです。地面に同じような穴が開いていたら、そこは「ルイジアナ」かもしれません。

## 17 モノマネ、ジェスチャー、替え歌

ある人物や動物などのしぐさや声などをうまくマネできると、なぜか笑いが起きます。モノマネは観察力や再現性が発揮される特技です。見聞きする側には完成度への期待値があるので、上手く再現すれば拍手や笑いが起きるのでしょう。逆に全く本体、本物からかけ離れていても意外性があると笑いが起きることもあります。ちょっとツボの違う笑いですが。

職場にモノマネ名人がいれば、その人は宴会などの会合での人気者になること間違いなしです。「真似」とは真の姿に似通うこと。本体を的確にとらえる洞察力がなければできません。

## 笑談 40 ▼ 鳥の鳴きマネ

私の亡くなった父は小鳥のメジロの鳴き声を上手に真似する得意ワザがありました。今では野鳥のメジロを飼うことはできませんが、私の子供のころはまだ自宅でメジロを飼っていました。父は電波、無線の仕事の関係で電波塔が立つ山中に出かけることが多かったのですが、そこでメジロをよく捕まえて家に連れて帰ってきました。

鳥かごに入れたメジロが父の発するさえずりに反応して鳴くのを見て、私は感心するやら、微笑むやら。楽しい気分になったことをよく覚えています。私も真似してやってみましたがうまく行きませんでした。たぶん父のさえずりは山中でメジロをよく観察し何度も真似して体得した、メジロになりきる特技だったのでしょう。メジロの心を掴んでいたのかもしれません。

そういえば亡くなられた元横綱・千代の富士（前九重親方）もとても小鳥の鳴きマネが上手で、鳴きマネをされると小鳥がよく反応して寄ってきたという話を聞いたことがありました。大横綱はモノマネのできる鋭い観察力と小鳥の心を捉えるやさしさを持たれていたので、そんなワザが出せたのでしょう。江戸家猫八さん（四代目）も亡くなられましたが、小鳥の鳴き声はさすがプロ。聞きほれ、感心し、笑いながら拍手をしたくなりました。

## 笑談考 41 ツクツクボウシ

私はメジロのさえずりのマネは父ほど上手にはなりませんでしたが、子供のころは蝉の鳴き声のマネをよくやりました。中でも得意はツクツクボウシの鳴きマネでした。私が聞くところではツクツクボウシはまずは「オーシン　ツクツク」という声を何度も繰り返します。それが終わると次の段階に入り「ツクツク　シー」とひと声入れます。この時の「シー」はちょっと上っ調子になります。そのあと「ツクツク　シーオ」をふた声入れ、最後に「ジー」と言って終わっていました。中にはおしっこをして締めくくる奴もいます。

この初めの段階の「オーシン　ツクツク」を何回言うのかをかなり研究したことがあります。よく聞いていると個体によってこの回数が微妙に違います。じっくりと十数回繰り返すのもいれば、数回で省略する奴もいます。鳴くのはオスですから、ひょっとするとメスの気をひくためにこの回数を頑張っているのではないのかと推察しました。堂々と何回もこれを繰り返す奴はたぶんモテモテなのでしょう。弱々しく数回で終わるのは元気もなくメスからは嫌われそうです。中には風邪をひいたようなだみ声で「ヘーシン　ヅクヅク」と聞こえてくるのもいました。「きっとこいつはモテないな。メスは魅力を感じないだろう」と思わせる鳴き声です。

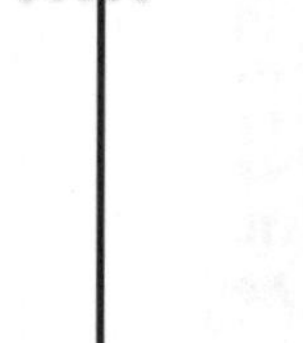

これを夏休みの自由研究にしようと観察を頑張った時もありましたが、鳴いているオスのツクツクボウシを全部捕まえることもできず、当時は鳴き声を録音する装置も持っておらず、メスの反応もよく観察できずで、結局は計画倒れとなってしまいました。「ツクツクボウシ」の鳴きマネだけが私に残りました。

鳥のさえずりなら近い声も出でそうですが、蝉に近い鳴き声は人間には出せません。これはどちらかと言うとジェスチャーの領域になるのでしょう。ジェスチャーはそのものズバリではありませんが、それに近いしぐさや声などを表現できれば面白み、笑いが起きます。新年会や忘年会の出しものでジェスチャーゲームがあれば笑いがうまれ盛り上がります。

ジェスチャーゲームのお題としては、比較的簡単なものではゴリラやウサギ、イヌ、ゾウ、鳩、孔雀、亀などの動物、相撲やスキージャンプ、水泳、野球、ゴルフ等のスポーツ、飛行機や汽車などの乗り物、寿司屋やカメラマン、警察官などの職業などいろいろ考えられます。相撲をするゴリラやイヌのおまわりさん、寿司を握る象など、組み合わせてみるのも面白そうです。ウルトラマン、ふなっしー、仮面ライダーなど皆がよく知っているキャラクターを題材にしても盛り上がります。身近にいる、キャラの立った上司、特徴のある同僚なども相手を傷つけない配慮をして取りげれば盛り上がるかもしれません。

## 笑談42 ▼わたし祈ってます

替え歌もモノマネのようなものですが、元歌の歌詞が効果的に残るとおかしさがうまれます。私が現役時代に替え歌としてよく歌っていたのは第2章3の「笑いのとれる失敗談」のところでもご紹介した持ち歌、敏いとうとハッピー&ブルーの「わたし祈ってます」です。予算達成が求められる営業現場を指揮する上司の気持ちを、業界事情も踏まえながら伝える替え歌です。営業努力の結果によっては人事も絡みそうな内容です。予算達成が話題となるタイミングでご披露して結構ウケました。

元歌の歌詞がわからないとおかしさも伝わらないので替え歌と併記します。

**元歌1番**

わたし祈ってます
身体に充分　注意をするのよ
お酒もちょっぴり　ひかえめにして
あなたは男でしょ
強く生きなきゃだめなの
わたしのことなど　心配しないで
幸せになってね　わたし祈ってます

**替え歌1番**

わたし祈ってます
値段に充分　注意をするのよ
サービス原稿　ひかえめにして
あなたはエリートでしょ
高く取らなきゃだめなの
予算の行きすぎ　心配しないで
高めに取ってね　わたし祈ってます

**元歌2番**

わたし祈ってます
あなたはちっとも　悪くはないのよ
女のわたしが　わがままでした
あなたのそばにいて
何もして上げられずに
サヨナラするのは　哀しいものよ
幸せになってね　わたし祈ってます

**元歌3番**

わたし祈ってます
時間が必ず　解決するのよ
どんなに苦しい　出来事だって
あなたはわたしより
もっといい人　見つけて
いいわねお願い　泣いちゃおかしいわ
幸せになってね　わたし祈ってます

**替え歌2番**

わたし祈ってます
あなたはちっとも　悪くはないのよ
部長のわたしが　わがままでした
あなたのそばにいて
何もしてあげられずに
さよならするのは悲しいものよ
高めに取ってね　わたし祈ってます

**替え歌3番**

わたし祈ってます
時間が必ず解決するのよ
どんなに苦しい　穴埋めだって
あなたはわたしより
もっといい部長　見つけて
いいわねお願い　泣いちゃおかしいわ
高めに取ってね　わたし祈ってます

## 笑談考 43 ▼よせばいいのに

敏いとうとハッピー&ブルーの歌でもう1曲、私が歌ってウケていた替え歌があります。「よせばいいのに」です。この曲の最後の3フレーズは

馬鹿ね　馬鹿ね　よせばいいのに
駄目な　駄目な　本当に駄目な
いつまでたっても駄目なわたしね

ですが、この最後の「わたしね」を人の名前に変えます。

「いつまでたっても駄目な○○」となります。

私であれば「いつまでたっても駄目な川堀」。これは自虐的なので皆さん、何も気にせずに笑ってくれますが、他人の名前を拝借するときは要注意です。

職場の上司の名前のほうが面白いのでウケはいいのですが、それが後で人伝てにご本人に伝わる危険性があります。まして歌っている場面にご本人が現れたりすると「万事休す」です。

## 18 かわいさに癒されて笑う

小さな子供や動物は見ているだけで、なぜか心が癒され微笑ましくなります。「かわいさ」は心を穏やかにし笑顔がうまれます。私にも2歳を過ぎた男の子の孫がいますが、たまに会ってそのかわいいしぐさや動きを見ていると、それだけで幸せな気分になります。その子が笑えばこちらも無条件で笑顔になれます。小さな子供の笑顔ほど素晴らしいものはありません。

その子が保育園から帰ってきて「コーンフレークを食べてひと息入れる」などと聞くと、その光景が浮かび思わず笑ってしまいます。すくすくと育つ子供の成長過程には笑顔があふれています。

動物のかわいさにも癒されます。テレビCMを見ているとかわいい動物が登場するシーンがとても多いですね。動物の出る微笑ましいCMは好感度もいいのではないでしょうか。

### 笑談 44 ▼ 犬の恩返し

私も子供のころには犬を飼っていました。当時は今のようにペットショップで犬を買うことなどなく、どこからともなくやってきた犬がいつの間にか居ついてわが家の番犬となっていました。子供のころ長く飼ったのは白に黒のブチが入ったメスの中型犬です。

留守になりがちだったわが家を番犬としてしっかり守ってくれましたが、よく子犬もうみました。生まれた子犬は近所の欲しい方にあげていました。

家で犬を飼っていてよかったのは癒されただけではなく、その生態をよく観察できたことです。生まれたばかりの子犬は何か透明な袋のようなものに包まれており、親犬がすぐにそれをぺろぺろと舐めてきれいにする様子がとても新鮮でした。子犬が糞を定期的にするように親犬が子犬のお尻をなめて刺激します。そうした観察記録を小学校の理科のコンクールに出したところ賞をもらうことができました。私は犬のお蔭でニンマリ。犬をかわいがったことで沢山の笑いとご褒美をいただくことができでした。「犬の恩返し」だと思っています。

## 笑談 45 ▼ コジロー

子供のころに犬と楽しく過ごしたことを忘れられず、自分の子供にも味わってほしいとマンション暮らしでも室内犬を飼いました。これはペットショップで探したヨークシャテリアです。お茶目な女の子なのでチャッピーと名付けました。名前を考えるのも楽しいものです。戸建てに移ってからはこの犬にもう一匹が加わりました。

ある夏の暑い夜、一杯気分で家の近くまで帰ってくると、電信柱につながれてキャンキャン鳴いている子犬がいます。私を見つけると助けてくれとばかりに鳴き叫びます。どうやら捨てられたようです。うるさくて近所迷惑でもあるのでとりあえず保護。わが家に連れて帰りました。すでに一匹飼っているので家内には反対されましたが、結局貰い手はなくこの犬もわが家の犬となってしまいました。

コジローと名付けたこの犬はオスの柴犬の雑種。腕白盛りだったので庭木をかじるやら、すぐに逃げ出すやら、結構手を焼きました。それでも大きくなると耳としっぽがキリッと立った毛並みのいい立派な番犬になりました。エサとして鶏の砂肝を食べさせたのがよかったようです。しかし砂肝を食べ飽きると庭のあちこちに穴を掘って埋めてしまいます。うっかりそこに近づこうものなら猛然と吠えてかかってきました。あまりにもヤンチャなのでかなり悩まされました。

このコジローとの思い出はいろいろとあります。家内が散歩をさせている時に、何が気に入らなかったのか、近所の小型犬をくわえて放り投げて怪我をさせてしまったこともありました。家内が平身低頭、お詫びして許していただきましたが油断も隙もありません。私が大阪に転勤した時にも連れて行きましたが、散歩中にブタの散歩に遭遇し、腰を抜かさんばかりに驚いた様子は笑談11に書いた通りです。今でもその時の様子が時々頭に浮かんで笑います。

チャッピーは大阪にいる時に私が腐ったものをあげたのが原因で中毒を起こして8歳ぐらいで死んでしまいました。コジローはきかん坊のまま17~18歳まで生きましたが、もう6年ほど前に死にました。

犬を飼えば癒され楽しいのはわかっているのですが、結局ペットロスが辛いので、それからは飼っていません。今はそれからも立ち直り、楽しく笑った思い出だけが残っています。

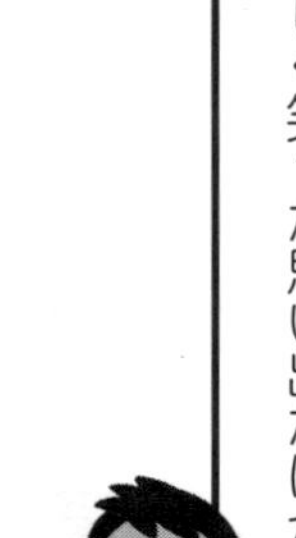

## 19 一休さんに習う

笑いをうむワザの19番目は「一休さんに習う」です。笑うワザを19に分けてご紹介してきたのも、ここで一休(1 9)さんの知恵にあふれた笑いを取り上げたかったからです。一休さんの笑いは一級です。私はおこがましいのですが、一休さんをユーモア、エスプリの利いたダジャレを創る師匠としても尊敬しています。

そもそも一休さんは室町時代の南朝系の後小松天皇の皇胤ですから、その血筋だけ見ても一級です。しかしそれを笠に着ることもなく、臨済宗の禅僧となり厳しい修行を積みました。格式にとらわれることを拒み、俗悪な社会の因習に抵抗しました。怖いもの知らずで、権力におもねることはなく自由に生きました。足利将軍でも一休さんに手出しをすることはできません。一方で民衆からは絶大な人気があったので北朝系の幕府や将軍にとっては気になる存在ではあったようです。

「有漏路より　無漏路へ帰る　一休み
　雨ふらばふれ　風吹かば吹け」

これは一休さんが修行を重ね、悟りの境地に達した時の歌です。有漏路とは煩悩で、無漏路とはそれがなくなった境涯。その「有と無の間で一休みする」という、一休さんの名前の由来ともなった悟りの境地を詠んでいます。「雨ふらばふれ　風吹かば吹け」という、とらわれのない自由な境地に達したのです。今からちょうど600年前の1418年、一休さん25歳の時のことです。

我々に馴染みの深い一休さんはそれ以前の、神童だったころのエピソードが多いようです。テレビでも一休さんを題材にした番組があったので、一休さんの頓智をよく知って、親しみを感じている方も多いでしょう。

一休さん（幼名は千菊丸）は安国寺に入る前は母親と暮らしていました。母親は由緒ある家の出身で教養のある人でした。一休さんを子供のころから甘やかさず育て、和歌などの教養も早くから身につけさせたそうです。

一休さんはすでに6歳のころにユーモアのある歌を詠んで周囲を驚かせます。乳母の玉江の顔の色が黒いので、一休さんはこの人を「おくろ」と呼んでいました。そのおくろさんが一休6歳の、ある雪の降った日に菅原道真が7歳の時に詠んだ歌を聞かせて、「一休さんも創ってみてはどうか」と言ったそうです

「降る雪が　綿々なれば　手にためて
　小督の袖に　つめたくぞ思う」

これを聞いた一休さんは「それなら自分にもできる」と次の句を詠みます。

「降る雪が　白粉ならば　手にためて
　　　おくろの顔に　ぬりたくぞ思う」

何と6歳の子供が即興でそんなユーモアのある歌を詠んでしまったのです。からかわれたおくろさんは心穏やかではありませんでしたが、この6歳の一休さんの才に驚き母親にすぐに報告したそうです。もちろん母から英才教育を受けていた一休さんだから、そんな和歌を難なく詠んでしまったのでしょうが、そのセンスたるや凄いものです。やはり神童です。

自分はそんな神童の一休さんと比べようもありませんが、6歳のころは学校に行くので精一杯。何をしていたのかもよく覚えていません。ユーモアのセンスひとつ見てもデキが違います。

安国寺で小僧として修行をしていたころの一休さんの、頓智に富んだエピソードは広く紹介されているので皆さんよくご存じですね。

皮の袴を着た和尚の友人の旦那が「皮のものが寺に入るとバチが当たる」と一休さんに警告され、「皮を張った太鼓は寺にあるではないか」と言われると、「だから太鼓は朝と晩に3回ずつバチで叩かれている。あなたもバチで叩かれますか」とやられてしまった話、その仕返しをしようと和尚と一休さんを食事に招待したその旦那が、家の前の橋に「このはしを渡ること、かたく禁制なり」という立札を立てて意地悪をしたところ、「橋の〝はし〟ではなく真ん中を堂々と通ってきました」とまたしてもしてやられてしまった話などは言葉遊び、ダジャレを巧みにつかった頓智の世界です。ひょっとして母親は言葉遊びやダジャレまでも教えていたのでしょうか。

悟りの境地に達したあとも、おごることなく、ざっくばらんなユーモアあふれる一休さんでした。

「『し』の字を嫌う、困りもの父親を何とかしてほしい」との相談を受け、一計を案じて鰈を四枚買っていったところ、案の定「『しかれ』になるので失礼ではないか」と言われたのを、「『よかれ』と受け取りなさい」と諭した話、「一つから九つまでは、みな尻に『つ』が付くのに十にはなぜ『つ』がつかないのか」と言われ、「五つが『つ』が二つ付いているから、十は調整したのだ」と答えた話などは笑いながらそのユーモアの凄さに感心させられます。そして「飾らずに相手のことを想って言う一休さん」だからこそ、言われたほうも素直に従ったのだと思います。

一休さんは今から600年も前にエスプリの利いたダジャレを発して、周りを明るくしていたのです。私が提唱しているLED(Laugh Esprit Dajare)運動をすでにその時代に実践していたのです。そんなこともあって私は一休さんを師匠として尊敬しているのです。

「阿弥陀とは　南（皆身）にあるを　知らずして
西を願ふは　はかなかりけり」

一休さんは自力で悟りを開く臨済宗の禅僧でしたが、他力の浄土宗との教えの違いをこんな歌でサラッと表現しています。エスプリを利かせたシャレの中に奥深さを感じます。一休さんのいろいろなエピソードを知るたびにそれを感じます。

とらわれがあり凡夫の私は、とても一休さんの境地、頓智を習うことはできませんが「人のためにやったこと」が一休さんならではのエスプリの利いたユーモア、おかしみ、滑稽をうんだことは感じ取れました。

「自分のためにではなく人のために考え動いた」ことが、一休さんならではの頓智、ユーモア、エスプリの利いたダジャレをうんだのです。

# 第4章

# ビジネスで使える
# ダジャレ
# コミュニケーション術

私は２０１７年10～12月にかけて、インターネット生放送授業を運営するSchooから依頼を受けて、５回シリーズで「一瞬で相手を笑顔にするダジャレコミュニケーション術」の講義を担当しました。拙著「笑談力」でも私がビジネスの場で実践、展開した数多くのダジャレを紹介しましたが、同講義では改めてビジネスで使えるダジャレを、想定される５つのシーンに分けてお伝えしました。当章ではそれに基づいて「ビジネスで使えるダジャレコミュニケーション術」について解説します。

## 【ダジャレ創作のポイント】

ダジャレは同音異義語や似通った音の言葉をタイミングよく発することによって笑いを引き起こす言葉遊びの一種です。ですから頭の中に同音異義語や似通った響きの音が思い浮かばなければダジャレはできません。「貴社の記者が汽車で帰社して喜捨した」というのが同音異義語の代表例です。

## （1）ネタを探す

人との会話の中でタイミングよく同音異義語が飛び出すと、それがダジャレとなってウケて笑いが起きたり、ウケずにしらけたりするわけですが、やみくもに同音異義語を出してもダメです。人との会話の中身に沿ったダジャレをタイミングよく出さないと違和感が生じてしまいます。それにはいろいろな会話についていけるように、日ごろから新聞記事やテレビ、ネットのニュースなどでネタ探しをしておかなければなりません。時事、社会、文化、生活、スポーツ、芸能など話題になりそうなネタがあったら事前にキーワードをチェックしておきます。自分のお付き合いのある仲間の間でどんな会話が展開されるのかはよくご存じでしょうから、その話題になったら使えそうな言葉は同音異義語も含め、日ごろから抑えておきましょう。

## （2）スマホで同音異義語を探す

以前はこうした同音異義語がしっかりと頭の中に入っていないとダジャレがうまく浮かびませんでしたが、最近はスマホがあるのですぐに手元で同音異義語を検索できます。スマホの出現、普及によって以前に比べ格段にダジャレを創る環境が整ってきました。あとはいかに場面に応じた同音異義語をスマホなどで検索できるかです。

以上の（1）（2）はネタ仕込みのための準備段階です。日ごろからこれをきちんとやることによって準備が整い、持ちネタの常套句が増えていきます。

## （3）同音異義語で文章を創ってみる

スマホで同音異義語が見つかったら、次にその同音異義語を使って試しに文章を創ってみます。すべての同音異義語を使えなくても二つ以上が組み合わせられたら大丈夫です。それを会話形式にするのもいいです。そうすることによって場面によって使える言葉、それほど使えない言葉がはっきりします。ダジャレ入りの会話の予行演習、シミュレーションをしているわけです。

## 笑談46▼かいそう

ここまでの解説を踏まえて実際に私が文章を創ってみます。

ある日、家の近くの幹線道路を車で走っている時に、私の横を回送バスがかなりのスピードを出して通り過ぎていきました。都バスでないのに飛ばしています。家についてから早速スマホで「かいそう」の同音異義語を調べ、それを使って文章を創ってみました。

バスの運転手は回送バスを車庫に返そうと快走。
改装中のメモリアルホールの前には多くの階層の会葬客がいた。
それを回想しながら一人海草サラダを買いそうな可哀そうな怪僧がいた。

三行目はちょっとばかり意味不明な感じもしますが、一応「かいそう」だけで11個の言葉を使った文章ができました。一、二行目はどこかですぐに使えそうです。三行目でも皆さんで会食した時に海草サラダでも出れば、「今日は海草サラダがおいしかったから帰りに買いそう」などと言えるかもしれません。

こうして予行演習をして文章、同音異義語を抑えておくと、それがストックされて得意ネタになります。レディーメイドの服をいっぱい持っているイメージです。素人は臨機応変にイージーオーダーぐらいのワザは出せますが、プロのようにその場で即、オーダーメイドのワザを出すのはムリです。なぞかけ名人の「ねづっち」であれば即オーダーメイドのダジャレを出すこ

とはできるのでしょうが、われわれではなかなかそうはいきません。やはり事前の準備、ストックが重要なのです。

## (4) 外国語の響きも活用する

日本語だけでなく英語などの外国語は、日本語と似通った響きの単語があります。これもうまく使うとダジャレに幅が出ます。私は、会食の時にコース料理で出たパンが残っていてデザートの前だったら、これを「パンナコッタ」(イタリア語)と言ったり、エビ料理でおいしいエビが出たら「これはエビデンス(証明)付きの品質のよさ」と言ったり、醤油をかける時に相手に示して「Show　you」などと言ったりしていました。

## (5) ナイスなダジャレはメモする

いいダジャレが出たら必ずメモをしましょう。その時はナイスなダジャレが出て大笑い、大ウケしたのに、さてあとで思い出そうとしても思い浮かばないということがよくあります。メモ用紙や手帳などを持ち歩いてタイミングを見てそこにメモすると後程それを再現することができます。私はうっかりメモ用紙をもっていなかった場合は、箸が入っていた紙袋などにメモしました。そうしてでもメモしておかないと傑作は逃げて行ってしまいます。

私は寝床の横には必ずメモ帳を置いて、夜中思い浮かんだダジャレやジョーク、川柳などをメモします。夢の中でいいダジャレを思い浮かべている時もありますので。夜中に思いついたダジャレやジョークはもう一度寝て朝起きると決まってどこかへ飛んで行ってしまっています。その時にメモがあると目が覚めた時にそれを頼りに再現できるのです。暗い中でのメモなので、朝見ると何だかよくわからない時もありますが。

## (6) ダジャレのPDCAを回す

ウケるダジャレは一朝一夕にできるものではありません。失敗を繰り返し、いっぱい冷ややかな視線を浴び、試行錯誤を重ね、何度も使っていくうちに笑いのツボがわかってくるのです。どうして今日のダジャレはウケなかったのか、次にどうすればいいのかを自分の頭でしっかりと考えます。QT(Quality Control)の手法であるP=Plan(計画)、D=Do(実行)、C=Check(評価)、A=Action(改善)の手法をダジャレの上達、品質向上にも応用します。そのやり方については第6章で詳しく解説します。

## 【ダジャレ創作の留意点】

次にダジャレを創る時に注意したい点、留意点についていくつか紹介します。
これらもダジャレ創作のポイントと言ってもよいかもしれません。

### (1) TPOをわきまえる

ダジャレは自分から仕掛けていく能動的な笑いをうむワザですので、攻撃的になるきらいがあります。うまくハマれば瞬間〝愉〟沸かし機となり笑いが一瞬で起きますが、きつ過ぎると一瞬で相手を傷つけてしまう〝言葉の暴力〟になる危険性があります。これを言ったら相手を傷つけないかをよく考えます。相手や場への目配り、気配り、思いやりが持てるかどうかです。ＴＰＯ＝Time（時間）、Place（場所）、Occasion（場合）をわきまえることでもあります。その点自分のことを題材にした自虐的ネタ＝自ギャグなら安心です。

## （2）事上磨錬（じじょうまれん）

事上磨錬とは「実際に行動や実践を通して、知識や精神を磨くこと」です。中国の明の時代の陽明が言ったと伝えられています。ダジャレも机上ではなく実践の中でネタを探し、試し、腕を磨いていくことです。いくらスマホだけを操作しても自分の耳や目で探して考えた、生きたネタを超えるものはできません。それをやらないとオリジナルの、手垢のついていないダジャレはできません。人の傑作を勉強することも大事ですが、そこから延長線上に発展させても真に人を納得させるイキイキとした作品にはなりません。

## （3）頭をダジャレ脳にする

「1日1ダジャレ」が私のモットーですが、いつもチャンスがあればダジャレを飛ばそう、ダジャレを創ろうという姿勢がないとなかなかいいダジャレはできません。もちろんセンスも重要なのですが、それを含めてさまざまな機会をとらえてダジャレを発想できる脳にしておくことが、ダジャレをうまく創れる留意点となります。

第3章の14の「数字で遊ぼう」のところでも紹介しましたが、私は朝起きるとまずダジャレノートにその日を書いて、「今日は何の日」を語呂合わせで考えます。例えば10月10日は、かつては「体育の日」でしたが、私にとっては語呂合わせによって「トイレの日」になります。日にちの語呂合わせが終わると、昨日経験したことやニュースの中でダジャレのネタがなかったかを思い起こします。いいダジャレがあったらそれをノートに書きます。こうして朝のうちに自分の頭をダジャレ脳にしていき1日が始まります。最近は面白川柳なども考え、やわらか頭を創ったりもしています。とにかく「頭をシャレコウベ」にしておくことです。

## (4) ダジャレでネーミングを考える

ダジャレ脳を創るには、商品やサービスをダジャレで考えてみるのもいいでしょう。テレビを見ているとダジャレを使ったCMにお目にかかることがあります。何度も見聞きしていると飽きが来ますが、初めは新鮮で思わず注目してしまいます。いいダジャレのCMなら、もう一度見てみたい気にもなります。ダジャレを使ったネーミングは印象度が高まるのではないでしょうか。とてもいいダジャレネーミングが思い浮かんだら企業に売り込んでみたくなりますね。

ダジャレを使ったネーミングの代表例としては通勤快足（レナウン）、野菜中心蔵（日立製作所）、熱さまシート（小林製薬）、虫コナーズ（KINCHO 大日本除虫菊）、スベラーズ（川口技研）、草刈機まさお（キャニコム）などがあります。特に小林製薬はダジャレのネーミングに熱心なようです。

## （5）人の作品に学ぶ

私はなるべく自分独自のオリジナル作品を創ることを目指しているので、影響を受け過ぎないようにあまり他人のダジャレ作品は見ません。それでも飲み会や会話の中でだれかさんが実際に飛ばして自分を笑わせてくれたダジャレは、ご本人の許可を得て使わせてもらいます。実際に自分の耳と目で味わった作品ですからその良さや笑ったツボがわかります。

## 1. 挨拶、自己紹介で使えるダジャレコミュニケーション術

挨拶は禅宗から来た言葉です。「挨」には「押す」「心を開く」という意味があり、「拶」には「迫る」「その心に近づく」という意味があります。ですから挨拶は、まずは「自分の心を開くことによって、相手の心を開いてしまう」というコミュニケーションの第一歩となる、能動的な行為なのです。

同じ挨拶といっても大きく二つの場面が想定されます。一つは人と会った時に交わす「おはよう」などのお決まりの言葉や動作です。初対面の時はこのあと取り上げる自己紹介となります。もう一つは会合や冠婚葬祭などの儀式で述べる言葉です。

どちらにしてもまず大切なのはＴＰＯをわきまえて、その場にふさわしい挨拶をすることです。

「おはよう」「こんにちは」「こんばんは」などの決まりきった挨拶もダジャレを入れると明るさやおかしさが出ます。「おはヨウコソ会社へ」と朝の挨拶を職場でされたらビックリするでしょうが笑います。「こんにちワンダフル」「こんばんワンちゃんは元気かな」なども私は結構言っていました。

「葬」の時にはほとんどダジャレの出る幕はありませんが、おめでたい席では笑いは歓迎されるのでダジャレの出番はあります。

笑談 47 ▼火・木の人

私も社内結婚の部下の結婚式に呼んでいただいた時などには、よくダジャレ入りの挨拶をしました。「ご主人は物静かだけど真面目に仕事をコツコツとやるタイプです」といった紹介があった時は、「ご主人は火曜、木曜はかなり調子がよさそうです。火・木（寡黙）の人なので」などといって場を盛り上げていました。セミナーや会合の主催者挨拶などでも状況を見ながら、ちょっとダジャレを入れた挨拶に挑戦しました。その時のセミナーの内容をちょっと引用してダジャレを入れてみました。例えば「内部統制」関連のセミナーの挨拶の時には「社内が通せない（統制ない）のはよろしくない」といった具合です。

「どうせ主催者の挨拶なんて型通りで面白くも何ともないだろう」と思って下を向いていたセミナー参加者は、私のダジャレ入りの挨拶に驚いて顔をあげて注目しているのが壇上からよくわかりました。初対面の方ばかりなのでなかなか爆笑が起きるまではいきませんでしたが。

自己紹介の挨拶は相手に自分の持ち味や魅力を解っていただき、覚えてもらう絶好の機会なのでよく準備をして臨みたいものです。第一印象がとても大事です。気の利いた、ダジャレ入りの自己紹介の挨拶ができたら、あなたの好感度もアップすること間違いなしです。

## 笑談48▼かわり　やすし

私は自己紹介をする時には自分の名前でシャレを言っていました。担当替えや異動などで部署が代わり、初めてお会いするお客様に挨拶に伺います。その時には「私の名前は川堀泰史（かわほりやすし）です。今回で〇〇回目の異動です。よく代わるのですよ。どうも自分の名前から来ているのですね。担当に何年か安住して「ほっ」としていると、名前から「ほ」がいつの間にか抜けて「かわりやすし」になりますので。それで代わりやすいのです」。こう挨拶されると、相手の方も「変わった（代わった）人で、かわほりさん」と印象深く覚えてくれます。

私の名前の「川堀泰史」の中で、生まれた時から残っているのは「泰」という字だけです。以前の苗字は「平崎」でしたが結婚と同時に養子に行き「川堀」になりました。「ヨウシイクゾウ」「容姿はイイゾウ」などとダジャレを言って、まず苗字が代わったことを伝えます。親がつけてくれた名前は「泰央」（やすお）でしたが、父が役所に届け出をした時に達筆（？）

だったために、「央」が「史」になってしまったのです。高校受験の時に戸籍を取り寄せて「央」が「史」になっていたことが判明。特に支障はありませんでしたがビックリしました。ということで名前の中で残っているのは「泰」という字だけになってしまったのです。でも「泰」だけが「安泰」だったから縁起がいいのかもしれません。

自己紹介の挨拶の時や宴席で時間がある時の挨拶では、そんな自分の名前の「変遷」を伝えて、自分を知っていただく機会としたこともありました。

## 2. 営業で使えるダジャレコミュニケーション術

ベテランの営業の方には釈迦に説法ですが、営業の基本は「お客様、取引先の方とよい関係を創り、ニーズに応えられるか」です。コミュニケーションよくお近づきになり、寄り添えるかが大事です。自分を知ってもらうことも大切ですが、お客様のことをよく知って、考えて動き、距離感を縮められるかが営業には求められます。

私が営業の時に心がけていたのは①巡り合わせでご縁ができたお客様のことを大切に想う②

自分の持ち味である明るさ、面白さをお客様に知っていただく③考えて動く—の3点でした。

私は営業には3つの「り」が必要だと思います。「バリバリヤリます」の3つの「リ」もいいのですが、「目配り、気配り、思いやり」の3つの「り」が大事なのではないでしょうか。

営業のやり方は人それぞれです。十人十色。データを重んじてデータセールスを心がける人、出た(データ)とこ勝負の人などいろいろ。でたらめ(データラメ)セールスはダメですが。10人の営業がいれば10通りの営業のやり方があると言ってもいいでしょう。それだけ人柄、持ち味を出すことが営業にとっては重要になってきます。

「営業は雑談8割、商談2割」などと言われます。お客様と雑談をいっぱいすることで親しくなって距離を縮め、肝心の商談にスムーズに持って行こうという狙い、作戦です。雑談は商談につなげる入り口、アプローチなのですが、ここに時間を費やし過ぎて空回りしてしまう場合もあります。結局、お客様からは「あの人は余計な話が長い」という悪評を買ってしまい、本来の目的の商談にまでたどり着けないというケースもあります。

もちろん雑談でも距離を縮められますが、そこにダジャレなどによる笑いのコミュニケーション＝笑談があれば、もっとお客様の心に早く踏み込め、親しくなれます。お客様から「この人は面白くて、話をしていても楽しいからまた来て欲しい。今度はこちらからもダジャレ、ジョークを言ってみよう」などといった関係ができれば、営業としてはベストでしょう。

## 笑談 49 ▼ モンペとクワ

とある会社の役員とのエピソードを紹介します。初対面の時から私がダジャレを飛ばして楽しく懇談するので「笑点よりも面白い」などと言って、行くたびに歓待していただきました。ある時フランス語の話になって、私が以前に知り合いから教えていただいた、日本語なのにフランス語もどきの発音で笑える話をしました。「農家の方のように聞こえてしまうフランス語をご存知ですか」と私が言うと、その方は「きっとまたジョークだろう」と期待して笑っています。そこで私は「モンペとクワ」とフランス語のように発音すると大笑い。すかさずその方も「いやー私もラ・フランスになりました」と言われます。何かと思ったら「ヨウナシ」（洋ナシ＝用なし）ということだそうです。気心が知れるとお互いに「またジョークで交流したい」という関係になってくるものです。

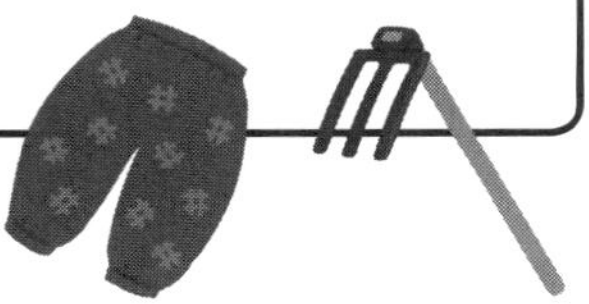

お客様の趣味がわかると、その話題で盛り上がることもできます。特に野球やサッカー、相撲などのスポーツではひいきの選手や相撲取りがいますので、話にも熱が入ります。私もスポーツは好きでテレビ中継などもよく見ますので結構詳しく、人の話について行ったり、あるいはリードしたりするのは得意なほうです。

## 笑談50 ▼スモウアシコシ

お客様の中には大相撲が好きな方もかなりいらっしゃいます。実力のあるベテラン力士が頑張っているところに、イキのいい成長株の若手が台頭してくることで土俵は活気づきます。一通り人気力士やひいきにしている相撲取りの話題が終わったころに、私が言うのは「どんな強い力士も怪我には勝てない。相撲は足腰が大事だ」と一言。当然のことなので納得してくれますが「何をいまさら」という顔もされます。

そこで「相撲足腰（スモウアシコシ）」の説明に入ります。「スはスズキ、モはモロゲエビ、ウはウナギ、アはアマサギ（ワカサギ）、シはシラウオ、コはコイ、シはシジミ。これは島根県の宍道湖で獲れる七つの珍品です。その頭文字を取ってスモウアシコシなのです」。それを知らない方は「へー」と感心してくれます。そこで「今度その七珍を一緒に食べに行きましょう」とお誘いすればスムーズに、次にお会いできる機会のお膳立てができるわけです。

小道具を使いお客様との距離を縮めた話は第3章の14でしましたが、「今日はどんな小道具で笑わせてくれるのだろう」と楽しみに待っていてもらえる関係ができればしめたものです。商談はほんのわずかな時間で首尾よく終わり、あとはざっくばらんな笑談タイムになります。私はダジャレやことわざをモチーフにしたネクタイ、干支をあしらったハンカチ、シール、帽子などの小道具をうまく使い、お客様との笑いのコミュニケーションを心がけています。

## 3. 会議、ミーティングで使えるダジャレコミュニケーション術

会議やミーティングには伝達や討議、決定などの目的があります。ダジャレはこの目的の達成を邪魔してはいけません。硬さがほぐれず会議やミーティングが盛り上がらない時がダジャレの出番かもしれません。ルールを決めてダジャレを使うことでこの硬さが取れ（アイスブレイク）、和らいだ雰囲気を演出できるかもしれません。まずはその場の空気を読むことが大切です。空気、流れも読まずに会議でダジャレを言えば、「不真面目。ふざけている。会議にふさわしくない」といった悪評を買ってしまいます。それでも「管理職の仕事の6~7割は会議」と言われていますので、せっかくなら笑いがあって注目度の上がる会議をやりたいですね。

「会議でダジャレを言うこと」にとらわれていると肝心の会議の中身のほうの集中力が欠けてしまいます。ダジャレ会議をやろうと決めていざスタートしたものの、そのようなとらわれが出てしまって、結局うまく行かず長続きしない会社もあるようです。ダジャレはあくまでも潤

滑油ですので、過度な期待をしてはいけません。

まずは少人数のミーティングでダジャレに挑戦し理解者を増やし、進め方に慣れてきたところで、次に会議での実行に結び付けていく手もあります。その日の会議の「ダジャレ担当」を決めて、会議の冒頭でご披露して笑いを起こし、その場の雰囲気を和らげるのも一法です。司会進行役（ファシリテーター）がダジャレの得意な人なら、会議での仕掛けもしやすくなります。

会議で言うダジャレのネタは何でもOKですが、その日の会議の内容に即したダジャレが言えたらベストです。

## 笑談51 ▼優等生

私が大阪で営業部長をやっている時のことです。月に1回、東京で全国営業会議が開かれました。大阪の営業部門は扱っている数字（売上、利益）がそれほど大きくはなく、全体に及ぼす影響はそれほどありません。会議での報告の出番も午後からのわずかな時間に限られていました。もう全体の業績の見通しが立ったころにやっと報告の順番が回ってきます。

それでもせっかく出張して会議に出たからには、何か存在感を示したい。私は皆が聞いてくれそうな話題を選び、ダジャレやジョークを交えながら伝えることにしました。「今月の売上はアップというより、アップアップの状態です。ギリギリのギリで何とか予算を達成するかどうかという状況です。それでも新しい広告が少しは出てきました。老人向けの倶楽部です。介護なので濃厚なサービスなどはありませんがおいしい弁当が食べられます」などと報告します。もう長時間の会議に飽きていた人も、こんな話題には思わず耳を傾けて笑ってくれます。業績への貢献度は優等生ではありませんでしたが、会議でよく面白いことを発言する＝「言うとＳａｙ」の人を目指しました。

会議に関連したダジャレでよく言っていたのは「9時からの会議の席はクジで決めています」とか「予算がいかない話はよさんか」とか「先週の会議は楽でした。先週楽（千秋楽）」とか「ノロマな人のノルマ」とか「部長ヅラ（仏頂面）では予算はいかない」とかいろいろです。

会社のトップで会議を仕切っていた時には、ここぞとばかりにダジャレを言って会議をリード、先頭を走っていました。ファシリテーターではなく、「走りテーター」という感じでした。

## 4. 宴席、ビジネスランチで使えるダジャレコミュニケーション術

お客様や取引先の方と飲食をともにする宴席やビジネスランチはお近づきになれる格好の場です。ＴＰＯをわきまえ、失礼にならないようなしゃれたダジャレが言えたら、あなたの好感度もアップすることでしょう。宴席やランチは取り組み方次第でダジャレの宝庫となります。料理のネタの仕入れはお店にとっては重要なことですが、これはお店に任せるしかありません。皆さんはダジャレのネタの仕入れ、準備に専念してください。

何度も使っている店であれば、勝手がわかるので目配り、気配りも利きやすくなります。私はできるだけ自分のよく使っている、使い勝手がわかっている店をご案内しました。出てくる料理や飲み物、店の雰囲気がわかっていれば、使えるダジャレが想定できます。

もし初めて使う店であれば下調べをしておきます。普段と勝手が違うとそれだけで緊張して余裕がなくなり、ダジャレどころではなくなります。下見したレストランの夜景がきれいだったなら「夜景がやけにきれい！」などの簡単なダジャレも出せますので。お客様の好みで店や料理を選定する場合もあるでしょう。その場合も下見をきちんとして、味わっていただく食材などもチェックしておけばダジャレにつながるかもしれません。「ステーキな夜」とか「あなたのソ

バ」とか。

人前でダジャレを言いなれない人は仲間内の飲み会で予行演習をしておくのもいいと思います。いろいろな料理、食材をダジャレで表現する訓練をしておくのです。第2章の5の「ネタは飲食にあり」で紹介した笑談などを参考にしてみてください。

私は最盛期には10軒以上の店をお客様や取引先との宴席で使っていました。同じお客様の場合には飽きが来ないように店や料理もそのたびに変えていました。それでも店主とも気心が知れ、使いやすい店は数店に限られていました。その中のいくつかの店と、私が使っていたダジャレネタを笑談としてご紹介します。

## 笑談52 ▼かわほり麺

一番気に入っていた店は銀座のある和食割烹でした。残念ながら数年前に店を閉じてしまいました。

まず飲み物ですが、「とりあえずビール」となった時に、これが他ではなかなか味わえない地ビールが出ます。「地味ではない地ビール」などと言いながらこのおいしいビールを飲みます。芋焼酎が好きな人には「天使の誘惑」がありました。とてもコクがあっておいしいのですが40度と強い焼酎です。飲み過ぎると「悪魔の誘惑」となってしまいます。お酒の強い方には好評でしたが、私は弱いのでごくごく薄い水割りをつくって飲んでいました。それでもコクがあっておいしかったです。ちなみに焼酎には「悪魔の抱擁」や「百年の孤独」がありますが、「天使の誘惑」と3銘柄がそろうと、酔ってあらぬ方向へ行ってしまいそうなのでその店では揃えてなかったように思います。

その店の料理もなんでもおいしくお客様には満足していただきました。私も調子に乗って食べ、飲み、ダジャレ言い放題の宴席が多かったのですが、ダジャレ37連発の記録を作ったのもその店です。

料理の〆の食事がまた絶品でした。中でも一番のお勧めはゴマダレの利いたスープに野菜がたっぷりと入った麺料理です。確か九州のイカ墨を練り込んだそうめんだったと思います。麺にコシがあってスープともよくからみます。夏は冷たく、冬は温かくして出してくれました。私は大のお気に入りで「ゴマかしのない最高の味」と言っていました。店の方も気をよくしてその麺のことを「かわほり麺」と私の名前を付けて出してくれました。

なかなか店とそれだけの関係になることはないのでしょうが、私にとってはお客様や取引先の方とおいしい料理、飲み物、ダジャレで懇親を深められた最高の舞台でした。

笑談 53 ▼3点セット

もう一軒は新橋にある和食の飲み屋さんです。そこはあるお客様に紹介されて初めて行きましたが料理がとてもおいしく、その割に値段は手ごろで勤め先からも近かったのでよく使わせてもらいました。

その店でまず頼む料理はお決まりの3点セット。別に決まったセットではないのですが、おいしくて必ず初めに頼むので勝手に「私の3点セット」にしてしまいました。店のご主人もわかってくれていて、私が「まず、3点セットね」と言うとその料理がほどなく出てきます。ここでもうお連れしたお客様は感心します。その3点セットとは「ナス・冥加」「栃尾揚げ」「餃子」です。「ナス・冥加」はナスと冥加、キュウリなどをあえた一夜漬けのような漬物でとてもいい味です。「ナスとナースはどっちが好きか」などとくだらないことを言いながらおいしくつまみます。「冥加を食べ過ぎると物忘れがひどくなる」という話もあるのでほどほどにして次に行きます。

「栃尾揚げ」はわが新潟（私は新潟に養子に行きました）の名物です。栃尾揚げは豆腐屋さんの数だけ種類があると言われるほど店ごとに味や形も違いますが、その店で出してくれるのは「新潟で一番おいしい」と言われている名店から仕入れている一品です。そんなう

んちくをご披露しながら栃尾揚げを勧めます。流れによっては私が養子に行った経緯や名前のことなどを紹介してお近づきになります。「私はニイガタ、今はガタガタ」などと言えば笑いも起きます。

「餃子」も絶品です。そんじょそこらの中華料理店で出る餃子よりはるかにおいしい味です。「何でこんなにおいしい餃子がこの和食の店で出るのかね」などと感心しながらいくつも食べてしまいます。「ギョウジの軍配はここのギョウザに上がります」。

もうこの3点セットだけでも満足なのですが、ほかにも豆アジやエリンギ炒めなどもいい味です。「マメにいいアジ」とか「リンギ回さないエリンギ」などとしようもないダジャレを言いながら楽しみます。

お腹にまだ余裕のあるお客様には「ガーリック・ステーキ」も味わっていただきます。ガーリック味の効いた柔らかい、おいしいお肉です。「こんなおいしいステーキは久しぶり」と舌鼓をうつお客様の多いこと。こちらは「待ってました!」とばかりに「ステーキな夜になりましたね」と言って締めに入ります。

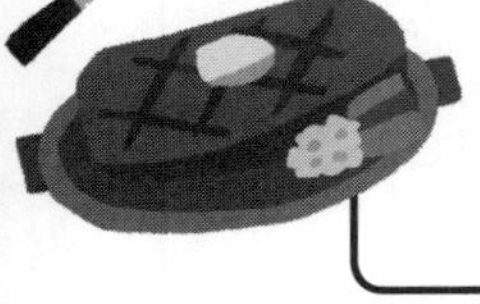

笑談 54

## ねぎらいの味

神田は安くておいしい店が多いので、気心の知れたざっくばらんなお付き合いができているお客様や取引先の方とはよく行きました。よく行く店が何軒もありましたが、２０１７年暮れに熊本料理を出してくれる居酒屋の名店が閉店してしまったのはとても残念でした。とても素敵なご夫婦が経営していました。私がお酒をあまり飲めないのもよく承知してくれていて、私が「ローボールね」というと「ハイボールの薄目」がさっと出てくるツーカーの対応でした。とても居心地がよく、おいしい料理やお酒を堪能しながら、時間があっという間に過ぎていきました。

神田は中華料理の店もとても多いです。行きつけの中華料理の店が2軒ありました。どちらもおいしい餃子を出します。ガード下の1軒は餃子に加え、「キクラゲ卵」「玉ねぎと牛肉のカレー炒め」がおいしく私の好物でした。私は勝手にギョウザと合わせて3点セットにしてよく頼んでいました。ガード下なのに「ガードした」ことはありません。「キクラゲ卵」は「エッグ・セレントな味です」、「玉ねぎと牛肉のカレー炒め」は「華麗なるねぎらいのある、ねぎらいでなくなる味です」などとわけの分からないことを言いながらお客様にもよくお勧めしました。こんな話を書いているとまたその3点セットを味わいに行きたくなります。

## 5. ゴルフで使えるダジャレコミュニケーション術

ゴルフで使えるダジャレについては第2章の6の「ゴルフギャグでナイスショットーダジャレカップ第2ラウンド」で取り上げたのでそれを参考にしてみてください。ここでは最近の私のゴルフネタのダジャレを会話形式で笑談としてご紹介します。

**笑談55 ▼ミートテック**

A：寒い冬のゴルフもヒートテックを着ていれば大丈夫。温かいよ
B：でもヒートテックを着ている割には体型がスッキリしないね。太りすぎだ
A：じゃ、自分のミートテックを脱ぐか
B：そうすればショットのミート率も上がると思うよ
A：まずは歩くか、テックテク

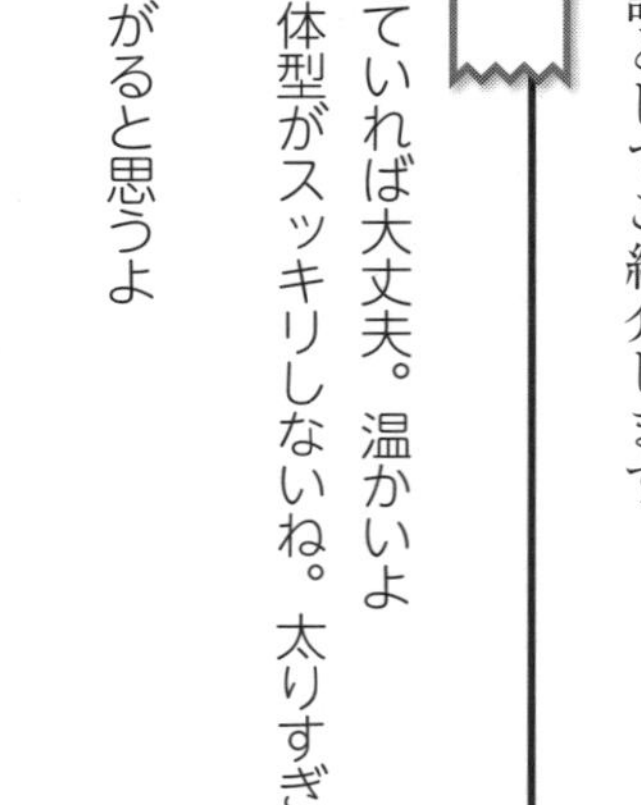

これは実は私の姪から聞いたネタを私なりにゴルフバージョンにしたものです。人から仕入れたネタも自分流にアレンジすると、持ちネタの範囲も広がります。違った角度からダジャレ

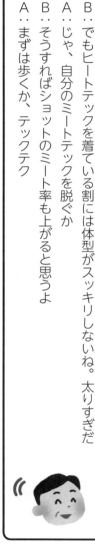

にチャレンジできます。

アイアンばかり使ってショットする人は「オールカネボウ」と言います。これは息子の嫁の父上から仕入れたネタです。私はウッドを多用する「タイガイ・ウッド」の持ちネタはありましたが、「オールカネボウ」とうまくセットになりました。私はゴルフを自己流で始めたのでなかなか上達しません。「ホールインワンダフルショット！」は望むべくもなく、「ガケシタケイコ」から抜け出せません。これからも「木に当たって気落ちする」ラウンドが続きます。

Schooのインターネット生放送授業は5回シリーズで担当しましたが、私にとってもとてもよい経験でした。当初はビジネスダジャレの話が本当に講義になるのかと心配しましたが、さしたる〝抗議〟もなかったようですから一応及第点だったようです。一時は人気授業ランキングの上位に顔を出していたので、受講者の皆さんからもそれなりの評価をいただけたようです。

はじめは授業の流れをうまくつかめずに手探りで、どこをどう盛り上げて自分の持ち味を発揮しようか迷いましたが、初めから飛ばす（ダジャレも）のがいいと考えました。

そこで2回目の講義からは、まず初めに「先生攻撃」（先制攻撃）というコーナーを創ってそこで私の新作ダジャレを紹介するようにしました。ダジャレを創った背景やポイントなどについても解説しました。この「先生攻撃」を仕掛けるばかりに「生徒防衛」（正当防衛）となって交流が進まないいのではないかと心配しましたが、Schooのほうで「ダジャレ会議」を設定してくれていたのでよい流れとなりました。授業の進行役を務めてくれたＭＣの方の対応も適切でした。
生徒はダジャレ会議で授業に双方向で参加できます。ダジャレ会議は生徒がテーマに沿ってダジャレを投稿するコーナーです。テーマは「挨拶の時に使えるダジャレ」「人名を使ったダジャレ」「春夏秋冬に関するダジャレ」「小道具を使ったダジャレ」「今日は何の日？語呂合わせダジャレ」「会議の議題（アジェンダ）に入れ込みたいダジャレ」「乾杯を盛り上げるダジャレ」「料理、素材、飲み物等に関するダジャレ」「ニュース、時事ネタを使ったダジャレ」「英語を使ったダジャレ」など。

皆さん、とても素晴らしいダジャレを投稿してくれて、そのレベルの高さに驚きました。中には何作も投稿してくれる方もいました。「投稿拒否」は見られませんでした。各回で最も優れた作品を投稿してくれた生徒をその日のダジャレ部長に認定しました。ダジャレ部長の肩書が欲しいとばかりに、一生懸命に投稿してくれる生徒さんがかなりいらっしゃいました。３回目からは、肩慣らし的に「フリースタイルダジャレ」のコーナーを設けて、日ごろ創ったダジャレを自由に投稿してもらうようにしましたが、これもレベルが高く、大いに盛り上がりました。

Schooのインターネット生放送授業を通して、ダジャレは決して「おやじギャグ」などではなく、若い方も積極的に挑戦できる笑いのコミュニケーション、笑いのワザなのだと実感しました。ダジャレの未来に明るい希望が見えたインターネット生放送授業の体験でした。

# 第5章

# 失敗談が面白い

失敗が笑いを引き起こすことは第2章の3の「笑いのとれる失敗談」でご紹介しました。拙著「笑談力」の中でも「失敗の履歴書」として笑える失敗談の数々を取り上げました。私も過去の失敗談はもうそれで出尽くしたかと安心していたところ、兄姉妹や知り合いから「あの話が紹介されていなかったね」との指摘を受けることとなってしまいました。

それから今一度、よく思い返してみると別に隠していたわけではありませんが、まだまだ失敗談の数々が残っていることが判明しました。中には周りの方にご迷惑をかけた案件もありましたので今度こそ洗いざらい、懺悔の気持ちも込めながら、過去の失敗談の総ざらいをすることにしました。

私が見たり聞いたりした、だれかさん(人)の笑える失敗談の数々も紹介します。合わせて笑談として以下にご披露します。皆さんも今の幸せな人生をかみしめるためにも過去のご自分の笑える失敗談があったとしたら振り返り、反省、懺悔されるのもいいのではないでしょうか。

# 1. 私の失敗談

笑談 56

## ▼自転車の練習

小学校の低学年のころの話です。子供用の自転車を持っている人などはまだ珍しく、自転車に乗ったことのない子供もかなりいました。私もそのうちの一人でしたが近所に子供用の自転車を持っている人がいたのでそれを借りて、兄などと一緒に何人かで練習をしていました。当時の道は今のようにアスファルトで舗装されておらず土のガタガタ道でした。

何度目かの私の番が回ってきました。何とか人の手を借りなくてもよろよろと前へ進むことができるようになっていました。ガタガタ道をあっちに曲がりこっちに曲がり漕いで進んでいると、何と後ろから中型のトラックがかなりのスピードで走ってきました。と言っても私は前を向いて自転車と格闘しているので車が走ってきたことなどに気づきません。私の自転車の漕ぎぶりを見て危ないと思った兄が「横に倒れろ!」と叫びました。私は慌てて自転車を体ごと横に倒しました。というか、倒れ込みました。ところがこともあろうに、兄が言ったのとは反対側に倒れてしまったのです。万事休す……。

「バッカヤロー!」。運転手の罵声とともに私の頭のすぐ横をトラックが猛スピードで走り抜けていきました。「完全に轢かれた!」と思って目をつむった兄の目の先に、倒れた自転車とともに無事な弟の姿がありました。私は状況がよくわかっていなかったのでそれほど怖い思いはしませんでしたが、後ろから見ていた兄たちは「轢かれたと思った」と話していました。

それからどのくらい練習をして自転車に乗れるようになったかはよく覚えていませんが、肝を冷やした自転車練習の時の失敗談です。親を悲しませることもなく怪我をすることもなかったので笑い話として残りましたが、あとからよく考えると怖い話です。

はじめから怖い失敗談のご紹介で失礼しましたが、60年の時を経て今では兄と私の間では笑って話せる失敗談になってしまいました。

## 笑談57 ▼穴掘り

これも小学校低学年の時の話です。住んでいた近所にはまだ大きな農家があり空き地などもいっぱいあり、子供の格好の遊び場になっていました。その大きな農家には戦中に掘ったという防空壕などがありました。これも子供たちの冒険心をくすぐる魅力的な場所になっていました。ある時「危険なの

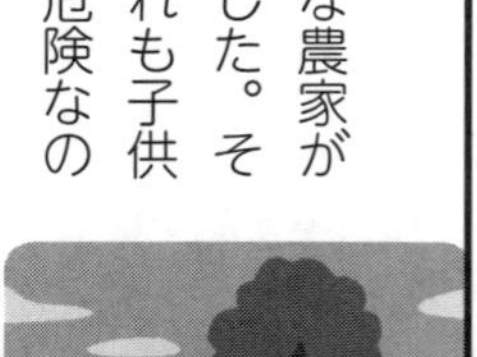

で入ってはいけない」ということで防空壕は閉鎖されてしまいました。

「それならば自分たちで防空壕を掘ろう！」という話で盛り上がりました。と言ってもやたらな場所は掘れません。子供心に考えたのは近所の木が生い茂った空き地でした。「ここなら人目につきにくいしいい場所だ」と皆、土地選びがうまく行って大満足。どこからかシャベルを持ってきて友達数人でせっせと防空壕づくりに精を出しました。

何日か経ち穴もだいぶ掘れてきた時のことです。近所の植木屋さんがその横を通り、土が溢れているのを発見しました。「だれだ！俺の土地を勝手に掘っている奴は！」。

何と空き地だと思ったその場所は、植木屋さんが所有している土地だったのです。「どうも木がいっぱい植わっているな」とは思っていましたが、昔から皆で遊んでいた場所なのでてっきり空き地だと思っていました。「すみません。空き地だと思っていました」とちゃんと謝ったのかどうかも今はよく思い出せません。それでも親のところに怒鳴り込まれた記憶はないので、「子供の出来心」として大目に見て許してくれたのだと思います。

「植木屋さんの土地だけに選定（剪定）を間違えた」のか。今では笑える失敗談です。そういえば第2章の7の笑談31でもご紹介した、割れた瓶で右手親指の腱を切ってしまった場所もその空き地でした。二度も失敗を重ねた場所なんて、私にとってはよっぽど方位がよくない土地だったのですね。

小学校の4年生ぐらいだったと思います。野球がかなり盛んで近所の子供達何人かでよく柔らかいゴムボールを投げて打つ遊びをやっていました。確か「投げ打ち」と称していたのでそのものズバリの命名ですね。ピッチャーが投げてバッターが打つだけなので、柔らかいゴムボールとバットさえあればどこででもできます。家の前のそれほど広くない道でもよくやっていました。手の空いた人がピッチャーのタマを受ける、にわかキャッチャーぐらいはいました。

プロパンガスなどの配達をしていた店の人が野球好きで、よく「投げ打ち」に飛び入り参加していました。東京だったのでほとんどの人は巨人ファン。デビュー間もない王、長嶋などの選手のマネをしてバットを振っていました。ちなみにわが家は、プロ野球はなぜか昔から西鉄ライオンズを応援していました。巨人を応援する皆とは違う路線でしたが、私は西鉄の豊田選手のファンでした。

その日はかなりの人数が集まったので近所の空き地で「投げ打ち」拡大版をやることになりました。ベースもホームと1、2塁のある、いわゆる三角ベースです。空き地は芝を育てた後の広々としたところです。芝を刈ったあとは「暗黙の了解」で子供たちの遊び場になっていました。まだ周りに家もそんなに建っておらず、子供にとっては気兼ねなく遊べる場所でした。

「投げ打ち」拡大版で夢中になって遊んでいると、何か外野のほうでぱちぱちと音がして火の手が上がっているのに気づきました。火の勢いはまだそれほどではなく、枯れた芝が燃え始めたぐらいです。皆慌てて「投げ打ち」拡大版を中止し、火消し作業に駆けつけました。特に火を消す道具などは持っていなかったので、来ているジャンバーを脱ぎ、それを被せたりして火の勢いを止めようとしました。

やがてだれかが通報したのか、消防車が駆けつけて消火に当たってくれました。われわれの尽力もあり、火が燃え広がる前に何とか消火ができました。ところが消防署の人はわれわれが火遊びをしていたのではないかと疑い、状況を聞かれました。われわれは「投げ打ち」拡大版の三角ベースで遊んでいただけです。熱を入れてやってはいましたが、まさかそれで火が出ることはないはずです。結局出火の原因は芝生の隣の家で焚火をしていて、それが風にあおられて飛び火したものだと判明しました。

われわれは消火活動のお手伝いをしたのですが、特に消防署のほうから褒められることはなく、感謝状をもらうことなどもありませんでした。それどころか、私が消火活動に使ったジャンパーは親が買ってくれた新品だったので、焼け焦げたジャンパーを見て母親から怒られる始末でした。兄のお下がりが多く、滅多にジャンパー

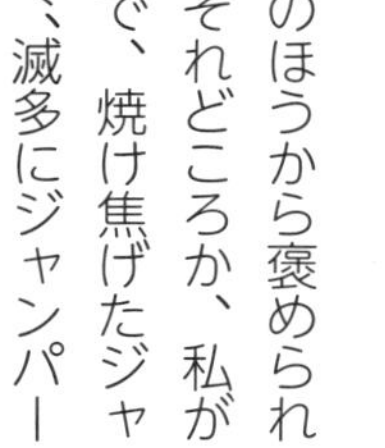

などを買ってもらえなかったのに、そんな時に限ってまずい展開になってしまいました。

ピッチャー交代で火消し役をやっていたかどうか覚えていませんが、とんだ火消しとなってしまいました。

## 笑談59 ▼母の散髪

小学校の低学年までは散髪を家でやってもらっていました。というのも母親が美容師の資格を持っていたので、家にバリカンやハサミなどの散髪に使う道具が一通りそろっており、必然的にそうなっていました。小さいころや小学校の低学年の時の自分の写真を見ると、いかにも「母のお手製の髪型」というのがよくわかります。

散髪をする時は刈った髪の毛が洋服などにつかないように首から肩にかけて布で覆いますが、当時のわが家には今の理髪店で使っているようなしゃれたものはありません。わが家では壊れた傘からとったとすぐにわかるツルツルの布を首から巻いていました。何だかテルテル坊主のような格好でしたが、結構この傘の応用品は優れもので髪の毛がうまく滑って下に落ちていきました。それには感心しましたが、時折、切れの悪いバリカンが毛に挟まって痛い目に遭うのが嫌でした。

小学校の高学年になったころから、別に色気づいたわけではないのですが、外の床屋さんで散髪してもらいたいと思うようになりました。洋服も髪型もスッキリしたお坊ちゃまのような転校生がやってきたのも、私をその気にさせた理由かもしれません。それと外の床屋さんに行くと、当時は確か散髪代は100円だと思いましたが、おつりの代わりにキャラメルをひと箱もらえるので、それにも惹かれていたのかもしれません。

母も自分の腕に限界を感じたのか、多少わが家にゆとりができたのか、忙しくて構っていられなくなったのか、割とすんなりと外の床屋に行くことを許してくれました。

その後、担任の先生の関係でＮＨＫのテレビ番組に出たことがありましたが、その時の写真を見ると、低学年までの時のような「母のお手製の髪型」ではなかったようなので、そのころはたぶん外の床屋さんで散髪をしていたのだと思います。それともなかったら初のテレビ出演に母が張り切って腕によりをかけた散髪後だったかもしれません。

学校へ上がる前や低学年のころの自分の髪型を思い出すと何だか笑ってしまいますが、今となれば亡くなった母親とのいい思い出になっています。

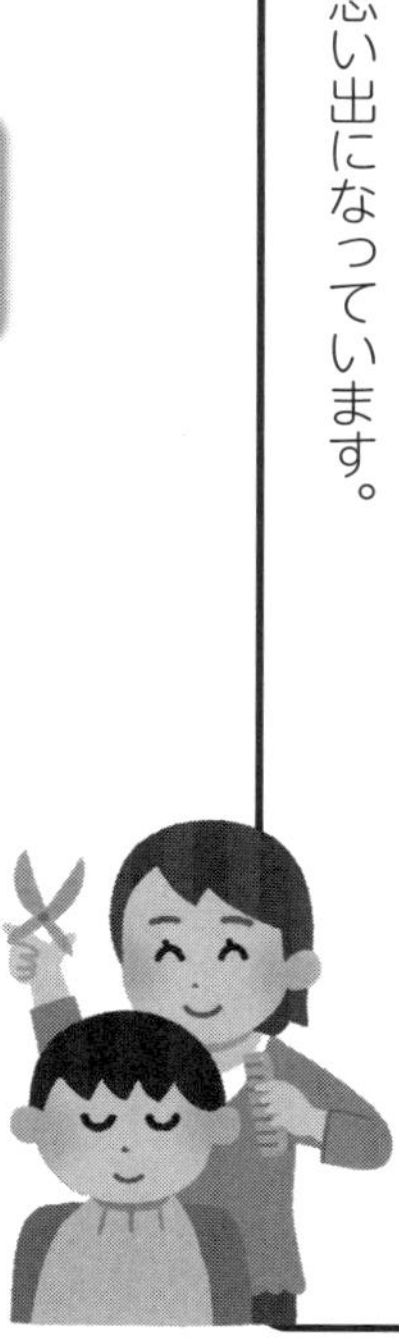

## 笑談60 ▼コロッケとカツ

中学3年の初めごろだったと思います。そろそろ高校受験に真剣に取り組まなければならないころでしたが、何か勉強には身が入らずバスケットボールの部活に専念する毎日でした。バスケットボールのほうはロングシュートが得意でまずまずの腕前だったので、私立の強豪校からスカウトされればよかったのですが、そこまでの才能はありませんでした。何かそれも含めて、自分が中途半端に感じて授業にも部活にも力が入りませんでした。

中学校の近くにチョイ悪の生徒が授業を抜け出してサボる、コロッケなどを売る揚げ物屋さんがありました。確か自習時間の時でした。中途半端な私をチョイ悪の生徒が誘ってくれて、学校を抜け出しその店に潜入しました。そこには漫画の本がいっぱい置いてあり読み放題です。古い油で揚げたような胸焼けしそうな味のコロッケをかじりながら、ちょっと冒険したようなスリルも味わいながら未体験の時間を過ごしました。

学校に戻ると何と、われわれが自習時間を抜け出してサボっていたのがバレていました。私は担任の先生にひどく叱られましたが、自習時間だったこともありそれ以上のおとがめはありませんでした。チョイ悪生徒も「これはあまり仲間にはできない」と思ったのか、それ以降は誘ってくれることもありませんでした。

そこで先生にカツを入れられたのがよかったのか、それをきっかけに中途半端な気持ちに区切りがつき、都立高校に進んでもバスケットボールを続けることができました。

あの時、先生にカツを入れられなかったら、中途半端なままズルズルと思わしくない道に進んでいたかもしれません。

サボって食べたコロッケの味は胸焼けしそうに濃かったのですが、先生のカツの濃さが胸に響いたのにはかないませんでした。

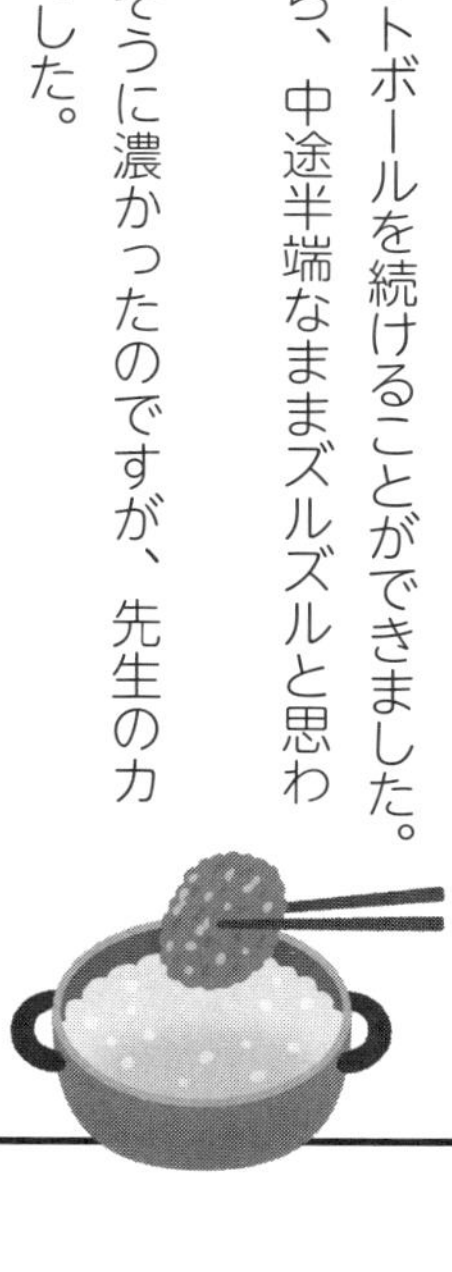

## 笑談 61 ▼世界史のトラウマ

高校時代は勉強も頑張っていました。ただし勉強方法はもっぱら教科書の丸暗記だったので、教科書を離れて授業を進める先生の科目の成績は上がりませんでした。

その代表的な科目が世界史でした。先生は教科書に沿って進めているとはとても思えない、黒板にその日の授業内容をどんどん書いて立て板に水のような説明で授業が進みます。「あとで教科書を見ればいいや」と甘く考えていた私は、黒板の授業内容をきちんとノートに写すこともあまりしませんでした。

そして迎えたその先生の初めてのテスト。ほとんどの出題は先生が黒板に書いていった中からで、教科書に沿った出題はありません。私は答案用紙が書けません。私は目の前が真っ暗になりました。

案の定、初めてのテストの結果は200点満点中の40点という、惨憺たる結果でした。今までの教科書丸暗記方式ではその先生に太刀打ちすることはできないことを思い知らされました。

そこから私はその先生用に対策を練りました。「傾向と対策」による課題解決です。先生は目いっぱい黒板に授業内容を書くので、まずそれをとことんメモしよう。次にその先生の授業があった日は必ず家に帰ってから、それを復習し頭に入れよう。それを次の授業の時もやって、さらに家に帰ってからは、その前までのノートも見直し再度反復して覚えよう。これを半年間粘り強く繰り返しました。最初はこれまでとは違うやり方だったので手間取りましたが、やがて先生が黒板に書いた授業内容はほとんど頭に入って、繰り返すことができるようになりました。

そして迎えた次の世界史のテスト。200点満点中の160点で、クラスでの最高点を取ることができました。その先生もびっくりしたのか、言わなくてもいいのに「120点も前のテストから成績を上げて最高点を取った人がいる」と紹介してしまいました。周りの人に「やった!160点取ったぞ」と得意げに言いまわっていた私は大慌て。「何だ。前は40点だったのか」という冷ややかな声にうれしさが萎む結果となってしまいました。

そんな体験があったせいか「世界史は苦手」がトラウマとなりました。

結局大学受験の際も地理・歴史の受験科目には世界史を選ばずに日本史を選択しました。その先生は確かウマ年だったと思います。私はトラ年。それで「世界史苦手」が「トラウマ」になったのでしょう。

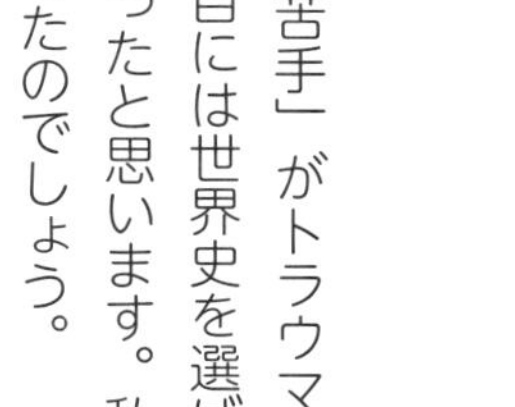

## 笑談62 ▼記事と恥のかき過ぎ

入社してすぐに配属となったのは広告営業ではなく、記事スタイルの広告を制作する部署でした。あとから聞いた話ですが、入社試験の小論文の出来が割とよくそれを判断材料に配属を決めたそうです。

ところがそれまで記事スタイルの文章を書いた経験は全くなく、配属以降1、2年はかなり苦労しました。原稿を書いてもデスクから毎回手直し（赤字）がいっぱい入ります。最初に自分が書いた文章などほとんど残っていません。

そもそも取材がきちんとできていないので中身が薄いうえに、稚拙な文章ですから大幅な直しが入るのは当然です。真っ赤になった原稿を何度も見て、まずは「中身を濃くするために取材をしっかりやらないとダメだ」と考えました。

そう考えた私はある方のインタビュー記事を任された時にとことん取材をしました。相当な分量の取材メモが溜まりました。それを記事にしていくわけですが、書く材料はいくらでも手元にあります。「よし今回はしっかり取材したから中身が濃いものをかける」。私はそのメモをもとに張り切って原稿をどんどん書きました。

ところが調子に乗って書いたせいか、何と掲載できる倍の分量の原稿を書いて提出してしまったのです。当然デスクからは大目玉。記事の分量、字数という基本中の基本もよくわかっていなかったのです。記事と恥を大幅にかいてしまいました。

そんな恥ずかしい経験を数多く繰り返しながらやっと3年目ぐらいから赤字の直しがほとんど入らない原稿を書けるようになりました。結局その部署には9年いてその後、営業に出たのですが、原稿を書く訓練をさんざんしたので文章を書くことが苦でなくなりました。というより文章を書けることが自分の武器となりました。営業も企画書や挨拶文を書くなど、文章を書かなければならない場面がいくらでもあります。

その後の私のビジネスマン人生に、この文章を書けるという武器は大いに威力を発揮しました。あの時、記事と恥を大幅にかいたことがその後の道を開いてくれたのです。そして私のことを見捨てずに鍛えてくれたデスクの恩を忘れてはなりません。

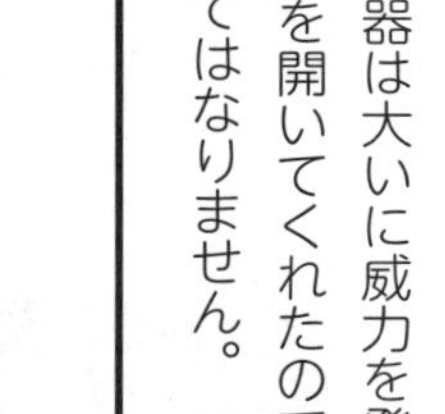

笑談63 ▼ 流れない

大阪に転勤して間もなくのことです。私の歓迎会の二次会で部下と数人でビルの7階にある小さなスナックに行きました。カラオケで歌い、飲み、ワイワイと大騒ぎ。私を大いに歓迎してくれています。「今日は三次会まで行きそうだな」という勢い、盛り上がりです。自分の歓迎会ということでもあり、私にしてはかなりお酒を飲みました。やがて飲み過ぎたせいか何となくお腹の調子が悪くなってきました。トイレに入って用を足しました。

用を足し終わったので水を流そうとレバーを操作しました。が何と、水が流れません。私の足した用がそこに留まったままです。「えっ、何で?」と思い、もう一度水を流そうとレバーを操作しました。しかし状況は変わりません。何度かトライしましたが同じ状況です。「やれやれ、まずいことになってしまったな」。トイレを出るに出られない状況です。「出るものは出たのに出られない」と弱っていました。酔いが一気に醒めてきました。

私の帰りがあまりにも遅いので部下が心配してトイレのドアをノックしてきました。転勤してからずっと歓迎会が続いていたので、体調を崩してトイレで倒れたのではないかと心配になったようです。「大丈夫ですか?」と声をかけてくれます。「私は大丈夫だけどトイレが大丈夫じゃないよ。流れない」と言うと部下は大笑い。

どうやら小さなビルの7階なので時間をおかずにトイレで水を流そうとすると水圧の関係からなのか、時々そうした状態になるようです。「そう言えば私の前にだれかがトイレに入っていたな」と思っても後の祭り。

ウンは残っていましたがトイレの水は流れないで、三次会はお流れとなりました。

## 笑談64 ▼布団を轢く

2年ほど前のことです。ペーパードライバーを卒業して毎日のように車で出かけていたので運転にもだいぶ慣れてきました。家から少し離れたところを走っていると先方に何か落ちているのが見えました。近づくと道の真ん中に何と布団が落ちています。アパートの1階のベランダの手すりに干していたものが風にあおられたのか、何かの拍子に道まで飛んでしまったようです。私は布団を避けようとしましたが対向車も来ているので、やむなく車で布団をまたいで走りました。

しばらく走って信号で止まっていると、横に来た車が私の車の後部をさして何か言っています。窓を閉めたままなので何を言っているのか分かりません。信号が変わったので私は急きょ、左折して少し走って車を止めました。車を降りて点検すると何と布団が車体の下から顔を出しています。「あれ、さっきまたいだ布団がついてきている」。どうやらまたいだはずがまたぎきれずにそのまま車に引っ掛かったようです。幸いなことに布団も車も無傷のようです。

もう夕方近かったのでその日は布団を返しには行けませんでした。布団は私のトランクの中で1泊しました。翌日そのアパートの横まで行き、ベランダの手すりにどなたかの布団をこっそりとお戻ししました。その布団の持ち主もさぞかしびっくりしたことでしょう。行方不明となった布団が翌日無事に帰ってきたわけですから。

それにしても無事故無違反で運転にも慣れてきたはずの私が、まさか布団を轢いてしまうとは……。自分の運転はまだまだ未熟だと思い知らされました。

さすがに教習所も布団のまたぎ方までは教えてくれません。

「ふとんがふっとんだ！」。何か引っ掛かりのあるお話でした。

## 2. だれかさん（人）の失敗談

### 笑談 65 ▼水難救助隊

私は1日3度、同じ池に落ちた経験があります。拙著「笑談力」でもその笑える水難をご紹介しましたが今回は私ではありません。同級生の水難です。

小学生のころ、仲良くしていた3人で地元から少し離れた公園に自転車で遊びに行きました。その公園には池がありましたが、横幅のある橋を渡してあるので皆、自転車を漕いでスイスイと行き来していました。われわれも同じように橋を自転車に乗りながらスイスイと渡っていました。ところが調子よく漕いでいたと思っていたら、そのうちの1人が軌道を逸れて自転車ごと池に落ちてしまったのです。

何とか近くにいた人にも手伝ってもらい、その同級生と自転車を池から救い上げました。幸い怪我はしていませんでしたが全身ずぶ濡れです。落ちた本人はすっかり気落ちして戦意喪失。濡れた自転車を置いたまま家に帰ってしまいました。ずぶ濡れの彼がどのようにして家までたどり着いたかは、あとで聞いたのか聞かなかったのかよく覚えていません。と

にかく取り残された2人に3台の自転車が残りました。

どうすればいいのか。私は途方にくれましたが、一緒に残されたのはとても賢い同級生でした。最初の1人が3番目にある自転車を先頭まで進めたら、もう1人が2番目を先頭に出し、その間に最初の1人は戻って1番目に置いてある自転車を先頭に出す。その繰り返しのリレー方式で3台を前に進めていくというやり方です。

池に落ちた公園から地元までは結構な距離がありましたが、その繰り返しを何度やったか、時間がどのぐらいかかったのかはよく覚えていませんが、何とか池に落ちた子の家まで自転車を進めることができました。急きょ結成された水難救助隊の大活躍でした。

50数年ぶりの同級会でその賢かった同級生に会ったので、その事件を持ち出して話しましたが、ご本人はあまり覚えていない様子でした。私は賢いアイデアに感心しましたが、その同級生にとっては普通に考え出したことだったのかもしれません。

肝心の池に落ちた同級生にはいろいろと確認したかったのですが、残念ながら同級会は欠席でした。その同級生の近況を聞くと、何と今はカヌー関係の仕事で活躍しているそうです。子供のころから水とはご縁があったわけです。

## 笑談笑考 66 ▼エビ6（ロク）ー食（ショック）な事件簿

姉2人、兄1人、妹1人、私と子供5人、7人家族の中で育ったので、戦後の育ち盛りの一番の関心事は「いかに食べるか」でした。まずはお腹いっぱい食べること。そのためには人が食べるよりも早く食べて、できればお替わりすること。この子供のころに身につけた「早く食べる特技」は今もって失われることはありません。今でもかなりの早食いで人からは驚かれます。そしてまずは共通のおかずに手を付け、自分用に配られ確保されているものは後回しという癖も抜けません。

もちろんおいしいものは食べたかったのですが、それよりもまず量を確保することでした。今から考えると父親の公務員の安月給の中で、ひもじい思いをすることもなく、いろいろな工夫をしてしっかりと食べさせてくれ、育ててくれた両親には感謝の念しかありません。練りに練ったうえに多めの醤油を注いで増量した納豆、小麦粉と野菜で固めた「ハンバーグ」と称していたお好み焼きのような一品（逸品）、なまり節（かつお）の煮つけ、ひじきの煮つけ、魚肉ソーセージ、キャベツ炒めなどが懐かしく思い出されます。

数少ないおいしいものを食べられるチャンスは、主に先にも紹介した母親の兄である伯父さんによってもたらされました。伯父さん夫婦の家に行ってご馳走になることもそうでしたが、この伯父さんがわれわれ兄弟姉妹をたまに外食にも招待してくれました。時々、昔の有楽町のデパートの食堂でおいしいものをご馳走になった記憶があります。今ではその時に何を食べたかは思い出せませんが、その叔父さんが銀色のポットに入ったコーヒーをカップに注いで、おいしそうに飲んでいる姿をぼんやりと覚えています。

この伯父さんがさらなる朗報をもたらしてくれます。変わった仕事先が、何とエビを扱う会社だったのです。これによって伯父さんからお歳暮にもらったエビが、年末から正月にかけてわが家の食卓に登場することになったのです。それまで高級食材のエビがわが家の食卓に登場することなどは全くありませんでしたから、これはわが家の「食の大革命」です。

子供のころのある正月。この伯父さんとは別の母親の親戚の方が娘さんとともにわが家に来てくれました。その娘さんが当時おいくつだったかは覚えていませんが、とても丸々と立派な体格だったことは記憶しています。せっかく遠いところを来ていただいたので、昼ごはんを食べて行っていただくことになりました。その時わが家で出せる最高のご馳走は叔父さんからいただいたエビです。母はエビフライにしてお客さんにお出ししました。本来ならわれわれ子供達の正月の大ご馳走になるはずのものです。

お客様が帰られたあと、うらやましく、また残念の思いもあり、そしてひょっとするとエビが残されているのではという淡い期待もあって、子供たちはだれからともなく確認に走りました。するとその娘さんが座っていた前に置かれたお皿に

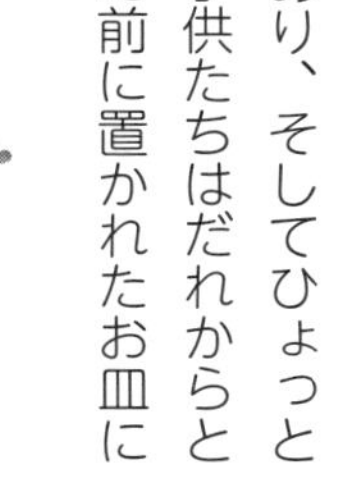

は、6つのエビの尻尾が残されていたのです。きっと飛び切りおいしかったのでしょう。6匹です。われわれは淡い期待が裏切られるとともに愕然としました。「何だ！6匹も食べたのか……」。われわれの口にはせいぜい3匹入るかどうかの貴重品です。

その〝食（ショック）な事件〟以来、われわれの間では本名も忘れてしまったその娘さんの通称は、ロクデナシではないロクデアルの「エビ6（ロク）」となりました。

## 笑談67 ▼アゴはずし

社会人になって間もなくのことです。地元で付き合っていたグループの仲間で山梨のほうへバスで出かけました。近所の知り合いの息子さんなどさまざまな年齢の方々が乗り込みました。バスの中ほどの私の横の席にも私よりかなり若いある息子さんが座りました。拝見したところちょっとおとなしめの、弱々しそうな感じの方です。ご両親は一緒でなく一人で参加したとのことです。あまり話しかけても言葉は返ってこず、「今日は静かな1日になりそうだな」と思っていました。

しばらくバスは順調に進んでいましたが、私の隣のその息子さんが道中に退屈してきたのか突然、両手を挙げて「アアー」と勢いよく大きなあくびをしました。私は「何だ。結

構元気じゃないの」と思って横を見ると、その息子さんが「アアー」と言ったまま口を大きく開けています。そして自分の口を指で指しながらまだ「アアー」と言っています。長いあくびではありません。その息子さんは何と、大あくびと同時にアゴを外してしまったのです。開いた口元からはよだれがたらたらと流れ出ています。

私は初めて見る光景にビックリしました。そしてあわてて「大変だ。アゴが外れている！」と大声を上げました。バスは急停車。近くに駐車スペースを確保し、乗客の皆さんで手分けして近くに病院がないか探し始めました。今ならスマホがあるので近くの病院を苦も無く探し当てられるでしょうが、当時は携帯電話すらまだ手元にないころです。

すると比較的近くに骨接ぎの医院があるのを、だれかが見つけてくれました。すぐにアゴを外した息子さんをそこに連れて行き、外れたアゴを元に戻してもらいました。その息子さんは何とか無事に元に戻ったアゴを携えて私の隣に戻ってきました。バスは再び出発しましたがそれからというもの、その息子さんはまたあくびを仕掛けては「まずい、まずい」という感じで生殺しのようにあくびを抑えています。私は隣でとてもおかしかったのですが、人の不幸を笑ってはいけません。私はあくびではなく笑いをかみ殺していました。

アゴを外したご本人にはとてもお気の毒でしたが、アゴ外しの効果が別のところに出ました。ちょっと不良っぽい若い息子さんもバスに乗り合わせていたのですが、その若い息子さんがアゴを外した息子さんのことをとてもよく面倒を見て世話を焼いているのです。人は見かけによらないもの。不良っぽい格好の奥にはやさしい心があるのが伝わってきました。

私にとってはいろいろな発見があった、静かではない1日となりました。

## 笑談68▼知ったかぶり

初めて洋食のコース料理をいただいた時は、ナイフとフォークが何セットも置いてあるので、どれから使っていいのか分からずに戸惑った経験はどなたでもお持ちではないでしょうか。「確か教えられた通り、外側から順に取っていたはず」のナイフとフォークの、フォークが1本残ったままだったとか。私もその一人ですが。

またステーキの焼き方を初めて聞かれて当惑することもあります。ある方はウル覚えで「ミディアム」を「ミドル」と答えていました。

そうした駆け出しのころの自分のテーブルマナーをすっかり慣れたころに振り返ると、恥ずかしい思いで赤面するとともになぜか笑えます。「知ったかぶり」がちょっとした失敗につながり、そして時を経て笑い話となるのです。

あのフィンガーボールなるものも人を惑わす危険な品です。フィンガーボールを飲み物

と勘違いして飲んでしまった人の話です。確かに独特の銀色のカップに入った水ですがレモンなども浮かんでいて、さわやかな飲み物に見えなくもありません。私が中学生のころに見た英語の教科書にもこの危険な話が載っていました。

ところがこれは教科書内だけの話ではありません。先日も実際に起きた話をある人から聞きました。仕事上のお付き合いのある方から同僚と2人でご馳走になる機会があったそうです。たぶんサンドイッチとかフィンガーボールが登場するお料理を注文したのでしょう。3人の目の前にまずフィンガーボールが置かれたところ若い同僚が何と、それをググっと飲んでしまったのです。ほかの2人はビックリ仰天！慌ててフィンガーボールなるものについて説明したそうです。その若い方にとってはフィンガーボールの味はさわやか（？）などではなくとても苦く感じたことでしょう。感想を聞いてみたい気もしますが、次に同じ体験をする後輩の出現を待ち望んでいるかもしれません。

そう言えば、柏餅を訪問先で出されたある人は柏の葉っぱごと丸かじりしてビックリされ、笑われ笑った話をしていました。たぶんさくら餅をさくらの葉っぱごと食べたことがあり、それと勘違いしたのでしょう。できればだれでも「知ったかぶり」の失敗は避けたいものですが、その失敗があるからこそ笑いがうまれ、その人の親しみやすさ、人の好さも伝わるのです。

笑談 笑考

## 69 ▼ 大当たり

ゴルフはやればとても楽しいスポーツですが、時として危険が伴うスポーツです。「ゴルフで大当たり」した話は何度も聞いています。別にドライバーを会心のショットで飛ばした大当たりではなく、本当にどこかに当たって〝しまった〟の話です。

かく言う私にも大当たりの経験があります。仲間内でやっていたゴルフのプレーでのこと。私は2打目か3打目をフェアウェイバンカーに入れたのでそのすぐ近くまで行っていました。すると斜め後ろから同じ組の人がショットを打ちました。その球が私めがけて凄いスピードで飛んできたのです。避けるに避けられない勢いです。

「あー、もうダメだ!」。自分の身体に当たるかと思った瞬間、私は持っていたサンドウエッジのクラブをその当たりそうな部分にとっさに立てたのです。何とこれが大当たり。球は私のサンドウエッジの柄に当たり下に落ちました。これには自分もビックリ。後方から打ったメンバーもビックリ。自分の身体に当たりそうな球をとても当たりそうもないクラブの細い柄に当てたのです。とんだ大当たりのナイスリカバリーが飛び出ました。

しかしあとから考えると「自分の身体に当たっていたらとんでもないことになっていた」とゾッとしました。以前から「人がショットを打つ時には斜め前に出てはいけない」と注意されていたのですが、ついついプレーに慣れてきたころから忘れていました。自分の球をナイスショットで打つことは苦手ですが、人の打った球をクラブの柄に当てて避けたり、飛んでいるスズメバチをクラブで叩き落すなどの特技が時々出ますが、危険も伴うので決して褒められるショットではありません。

私は目撃していないのですが、やはりゴルフで大当たりをした同僚がいます。この方が打った球が池に向かって飛んで行きました。行ってみると池の淵で止まっており何とか打てそうな感じもあります。1打罰で拾い上げて出して打つか、そのまま打つか。迷った挙句その方は後者を選択しました。うまく行けば1打罰を免れます。

そこから脱出すべく渾身の力を込めてドーンと打った瞬間、目の前が真っ白になったそうです。球は打てたのですがその球が池の淵を囲んでいる杭に当たって跳ね返って、何と自分の急所（タマ）に当たってしまったのです。大当たり。本人は悶絶して倒れました。リタイアは必至です。ところがご本人はタマにやる名門ゴルフ場でのプレーを放棄したくなく、痛みをこらえつつそのままプレーを続けたそうです。見上げた根性ですがタマ際のプレーに強かったのかもしれません。

〝本当〟にご本人にはお気の毒な話ですが、その時の様子を聞くたびに大笑いしてしまいます。一時はタマが腫れあがって使い物にならなくなるのではと心配したそうですが、タマタマそうはならなかったそうです。〝タマに傷〟にはなったかもしれません。肝っ玉も小さくなったかもしれません。それ以降、危険を伴う冒険するショットは控えめになったはずです。

私もその話を聞いてからは、同じような状況になった時には無理しないで1打罰で近くに出すようにしています。考えてみればわれわれのゴルフは1打に生活をかけるプロのプレーではなく、単なるアマチュアの遊びですから。命を懸けるようなことではありません。

大当たりで逆襲を食らった方もいます。仲間内でゴルフをやっている時に、ある方がミドルホールで打ったティーショットが右の斜面に飛びそこにいたカラスを直撃しました。カップルでいたうちの1羽に当たったようです。その場にバタッと倒れた1羽を、もう1羽が懸命に励まし介抱しているように見えます。その介抱が実ったのか、しばらくすると球が当たったはずの1羽も元気を取り戻したようでどこかへ飛んでいきました。「やれやれ、殺生をしなくてよかった」と球当てショットを打った方もホッと胸をなでおろしたようです。

ところがそれで終わりではありませんでした。次のショートホールに行くと、何とそこへ先回りしたカラスの群がわれわれに向かってギャアギャアと鳴き叫んでいます。とても尋常でない騒ぎ方です。きっと先ほど球を当てられたカップルが仲間を呼び大騒ぎしているに違いありません。「あいつだ、あいつだ」と球を当てた方を特定して非難しているように見えます。カラスの逆襲です。これ以上そこにいるとわれわれを襲ってきそうな勢いです。

われわれはそのホールのプレーもそこそこにカラスの非難から避難する道を選びました。その後ゴルフを続けたものの、「いつカラスが襲ってくるか」とおびえながらのプレーでした。カラスの記憶はいつまで残っているのか—そのゴルフ場に行きカラスを見るたびにその時のことを思い出しちょっと怖くなり、大いに笑う大当たりの一件です。

## 笑談70 ▼酔ゲイ

お酒を飲み過ぎて引き起こした失敗はだれにでもありそうです。私のある同僚は今でこそ毎日のようにお酒を飲み、私よりかはるかに強くなっていますが、入社したてからしばらくはそれほどお酒も強くなく、飲み過ぎて引き起こした数々の失敗談、武勇伝をお持ちです。入社したてのころのお客様との宴席での「しでかし」は、私の耳にも何度も聞こえてきました。まだお酒もそれほど強くなかったのに調子に乗ってどんどん飲み大騒ぎしていたその方は、とうとう酔いつぶれてお客様の前の畳に寝転がってしまったそうです。それでおとなしくなってお開きになればまだよかったのですが、何とその方はまるでクジラのように上を向きながらそこでお腹に入れていたものを逆噴射してしまったそうです。

その会に同席していた上司の方もびっくりしたでしょうが、お客様もさぞかしビックリされたことでしょう。当然上司の方からは厳重注意があったわけですがお客様がとてもいい方で、おおらかにこの「しでかし」を許してくれたので事なきを得たそうです。もしお客様からお許しをいただけなかったならば、その方のその後の会社人生は悲惨なことになっていたかもしれません。いろいろな方に恵まれてその方の今があるのです。というか、その方がいろいろないい方を引き寄せているのかもしれません。

その方とはその後住まいが同じ方向になったこともあり一緒にお酒を飲んでの帰り道、何度も酔っ払った雄姿を目撃しています。酔っ払って電車に乗って帰ったある時には、駅ごとに降りてはホームの柱に備え付けてあった新聞受けのようなボックスの中にお腹にあったものを戻していました。ホームを汚さなかった態度は立派でしたが決して褒められた姿勢ではありませんでした。

またある時は駅のトイレに入ったまましばらく出てこない時もありました。その時はそこの時間でお出ましになりましたが、以前には駅のトイレに入ったまま終電の時間を迎え駅員さんに「警察を呼びますよ！」と驚かされたこともあるそうです。またある時は酔っ払って電車に乗って最寄り駅に着いたと勘違いして、前の駅で「じゃ、また明日！」とか言ってさっそうと降りて行ったこともありました。

ご紹介してもキリがないほどお酒の上での失敗談、武勇伝を数多くお持ちのその方ですが、生来の明るい性格で人気者となり、その方の周りには人が集まり、今でも各方面で活躍されています。「失敗は成功の元」なのかもしれません。

## 笑談71 ▼プリンテンプス

私は最初に配属された部署で鍛えられたお蔭で文章を書けるようになったわけですが、これが後々営業に出てからも役立ちました。自分で文章を書くこともそうですが、人が文章を書くお手伝いをする役目もかなり回ってきました。その中のひとつに業界で募集する論文・感想文の自社から提出する分について、面倒を見てあげる仕事というかお手伝いです。中には手を入れなくても提出できそうな優良な作品もありましたが、ほとんどは相当に修正しないと出せないようなシロモノでした。それをひとつずつ、丁寧に書き直させるのですが半日、いや何日かサシで向かい合います。会社でやってもいいのですが、通常の業務とは違うので堂々とやることもできず、大体は外部の喫茶店で作業をしていました。

ある方とも有楽町の東京交通会館の上のレストランでお茶を飲みながら論文執筆のお手伝いをしました。そこがいいのは回転する展望レストランになっていることです。今でも回転するようになっているはずですが、当時は周りに高い建物はあまりなく眺めは良かったような気がします。もっとも論文執筆に専念していれば景色を眺めている余裕などはないはずですが。確か約80分間で1周するような回り方だったので、大体どのぐらいの時間がかかっているのかもわかりました。

論文の目安が付いたのか、なかなか進まないので疲れたからだったのか、その方が外を眺めて言いました。「あのプリンテンプスというのは何ですかね」。それを聞いて「えっ!」と思った私は顔を上げて外を見ました。そこには「PRINTEMPS」の文字が付いたビルが建っていました。「おいおい、あれはプランタンだろう」。「ああ、そうでしたか」。突拍子もない質問に頭がクラッとして急に展望レストランの回転が早まったかのように感じましたが何か肩の力が抜けたためか、それから論文の仕上がりが急ピッチに進んだような気がしました。硬軟織り交ぜ、メリハリの利いたその方の論文は見事、その年の入選作となりました。

今はもうプランタン銀座はそこにはありませんが、その前を通るたびに当時のことを笑いながら思い出します。

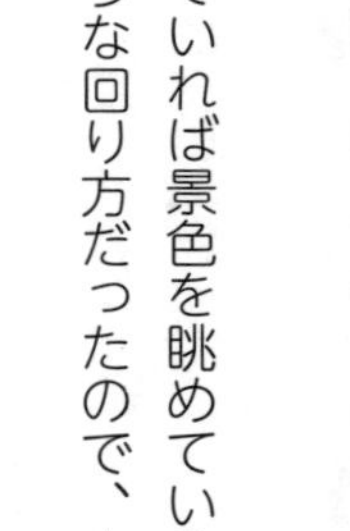

## 笑談 72 ▼雪かき

今年は大雪で新潟にある私の家にも相当な量の雪が降り積もりました。近くを走る信越線の先の方で電車が立ち往生して、多くの通勤・通学の方が閉じ込められて身動きできなくなったこともニュースとなりました。

私も何度も新潟に出かけて雪かきをしました。普段はほとんどと言っていいほど雪の降らない千葉で暮らしている人間が、雪かきをするのは大仕事です。それでも「近隣の方にご迷惑をかけてはいけない」と慣れない手つき、腰つきで雪かきに取り組みました。屋根の雪下ろしなどは到底できませんが、家の前や横を走る道路や玄関まわりを中心に雪かきをしました。

雪かきが終わった当初はそうでもないのですが、2〜3日後に身体の節々が痛くなってきて相当な筋肉痛が襲ってきます。普段使わない筋肉を使うのでしょうがないのでしょうが、年々、自分の筋肉、神経の反応が鈍くなってきているのも気にかかるところです。

もう今から40年近く前の話です。やはりその年は大雪で、新潟の家の屋根にも大量の雪が降り積もり、雪下ろしをしなければ家がつぶれるかもしれないという心配もありました。

そこでまだ50代後半で若々しかった家内の父と20台半ばで元気のよかった私とで、屋根の雪下ろしをすることになりました。と言っても東京育ちの私に気の利いたことはできません。私は滑りそうな屋根には降りずに、家の中から父の作業の補助をするような役回りとなっていました。

父はと言うと、雪国育ちで屋根の雪下ろしの経験もあるので、かなり張り切って屋根の雪をスコップか何かで取り除いて行っています。娘婿が見ているのでいいところを見せようと張り切ったかもしれません。「さすが、雪国育ちの人は違うな」と感心していたところ突然、隣の家から大声が聞こえてきました。「おいおい、そんなに雪をうちの方に放らないでくれ！」。どうも調子に乗った父は勢いのあまり、裏の家の庭にポンポンと雪を放り投げてしまっていたようです。

戦意をそがれた父と私はそこで雪かきをストップ。ほろ苦い雪かき作業となってしまいました。それでもそこでストップがかかったのがよかったのかもしれません。その後、屋根の雪下ろしをしていて滑って地面に落して大怪我をしたり、亡くなった方のニュースを何度も見ました。あのまま作業を続けていたらわが家にもそんな場面があったかもしれません。また隣の家の人と雪合戦にでもなったら大変なことでした。

亡くなった父は今年七回忌を迎えましたが、今年の大雪で何度も新潟に行って雪かきをするたびに父の雄姿を思い浮かべ、やはりもう亡くなられた隣の方の大声を思い出し苦笑いする自分でした。まさかあの世で隣同士の雪合戦はしていないと思いますが…。

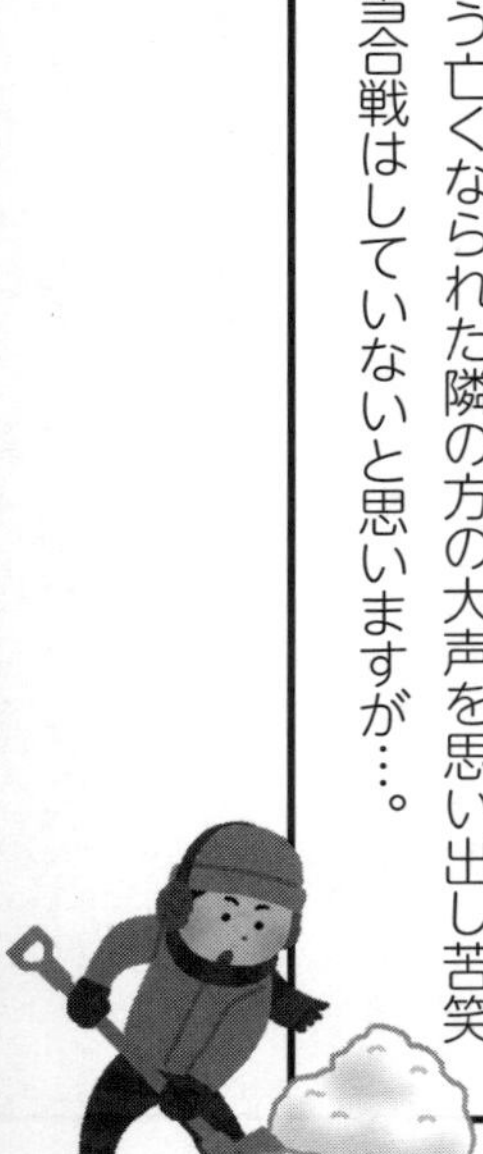

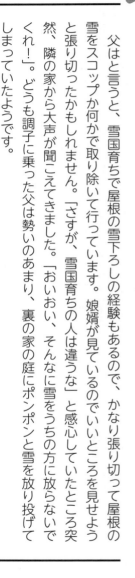

# 第6章

# 笑いのPDCAを回し考動力をつける

釈迦に説法だと思いますが、企業経営においてはお客様に提供する商品やサービスの品質を管理、向上させる取り組みとしてＱＣ（Quality Control）があります。そしてこのＱＣを実現させる手法、フレームワークとしてＰＤＣＡが用いられます。

ＰＤＣＡとはＰ＝Plan（計画）Ｄ＝Do（実行）、Ｃ＝Check（評価）、Ａ＝Action（改善）のことですね。この手法を提唱したエドワード・デミング博士はのちにＣ＝Check（評価）をＳ＝Study（学習）に置き換えています。そのほうが解りやすいかもしれません。いずれにしろこのＰＤＣＡのサイクルを回し、繰り返すことで品質向上、業務改善を図ることができます。

私は入社10年目に異動になった時に、この手法を自分の品質向上、業務改善に応用しようと考えました。

## 1. ＰＤＣＡを回し自分と笑いに磨きをかける

私は冗談好きの父親や明るい兄姉妹の影響もあって家では子供のころから笑える環境にいました。最近は「笑育（わらいく）」という笑いの効能を子供の教育に取り入れて能力を伸ばそうというプログラムもあるようですが、私の子供のころは見様見真似で笑いのセンスに磨きをかけていたように思います。笑いを学ぶ主な先生は父親。父親に倣って冗談を言っていたような気がします。第5章でご披露した子供のころの失敗談の数々も、そうした家庭で育ったからこそ単なる失敗談で終わらずに時を経て笑い話になったように思います。

それと小学校の高学年の時によき先生に恵まれたことも大きかったような気がします。7人家族の中で周りを見ながら育ったので、周囲に気を配ることは小さいころから自然とやっていました。小学校に上がるころには先生が次に何を言いたいのか、何を期待しているのかが何となく想像できました。

ところが小学校1年生か2年生の時の通知表の先生から親へのコメント（評価？）欄を見て私は愕然としました。そこには「先生の前で極端にいい子になる」と書かれていたのです。せっかく周囲や先生に気を配り、先回りしながら行動していた自分は何だったのか。とてもショックでした。その反動が3、4年生に出てその時期はなるべく目立たないようにしていたような気がします。

それを救ってくれたのが5、6年生の時に担任になっていただいた恩師です。私の持ち味である明るさや面白さを認めて伸ばしていただいた記憶があります。その先生のお蔭で私は本来の明るい自分を取り戻し、のびのびと過ごし先に進むことができました。昨年50数年ぶりの同級会でお元気な先生にお目にかかれた私は、遅まきながらそのお礼を申し上げることができました。まだ自分をどう変えていいのかわからない年代に、先生が私の持ち味を認めて変えてくれたのです。

そうして明るさや笑いを取り戻した私でしたが中学から高校、大学、社会人と大人になって行く過程では、外で明るさや笑いを必要とする場面があまりありませんでした。家では笑っていましたが、外では比較的真面目に過ごし、人と騒ぎまわって大笑いすることなどはほとんどありませんでした。ダジャレも言った記憶がありません。

## (1)PDCAで自分を変える

ではいつから書籍をまとめるような、外に対しても笑いを仕掛ける、ダジャレ好きの人間になったのでしょうか。入社してから9年間は記事スタイルの広告を制作する部署にいました。第5章の笑談62で入社したてのころに原稿を書き過ぎて恥をかいた失敗談を紹介しましたが、当時はまだそれを笑い話にするような心のゆとりはありませんでした。むしろその失敗はそのころの自分にとっては人に知られたくない秘密の部類でした。主な仕事は営業が決めてきた広告に関連して記事スタイルの広告を仕上げることでした。

受け身なので特に外に出かけて自分から笑いを仕掛ける必要もなく、与えられた仕事をスケジュールに則って淡々とやるだけでした。営業が仕事のスケジュールを守らないようなことがあれば、どやしつける強面人間でした。当時を知る人は私のことを「真面目な堅物」と評していたと思います。

転機は入社10年目にやってきました。それまで仕事を頼んできた側の広告の営業部署に突然異動を命じられたのです。180度の大転換です。多くの営業の人は「あの強面の堅物に営業などできるのか」と思ったはずです。

そこで自分は考えました。「これは強面の堅物ではやっていけない。笑いを引き起こす面白い人にならないと営業先のお客様や取引先の方、同僚に受け入れてもらえない」。私はそれまでの自分を変え外でも笑いを引き起こす面白い人になるために、当時から話題になっていたPDCAの手法を当てはめてみることにしました。

PDCAサイクルを回す前にやらなければならないことがあります。それはP＝Problem（解決すべき課題）の設定です。何のためにPDCAサイクルを回すのかということです。これがはっきりしていないとP（計画）がぼやけたものになってしまいます。ですからPDCAとは本来はP・PDCAなのです。私の場合のP（解決すべき課題）は「それまでの自分を変え、外でも笑いを引き起こす面白い人なる」でした。

P（計画）は「人前で容易に笑いを引き起こす」ことでした。第2章、第3章で紹介した19のワザから見れば、2の「ダジャレ」と3の「失敗談」、そして4の「下ネタ」であれば自分でも人前で容易に笑いを引き起こせるのではないかと考えました。そこで人前で話してかなりの確率で笑いが起きるダジャレや失敗談、下ネタを思い出したり見つけたりしながら、まずは仲間内の飲み会で試してみました（D＝実行）。

するとこれが大当たり（C＝評価）。女性の入った飲み会でもTPOをわきまえながら下ネタをご披露するとこれが大ウケ。それまで笑える飲み会を経験したことのない女性軍が大盛り上がりで評価してくれました。「なんかあの人が入ると笑える飲み会になるね。ハマってしまった」といううれしい評判が広がり、方々から声がかかるようになりました。もちろんウケなかった「ダジャレ」や「失敗談」、「下ネタ」も数多くあったのでその時には話のトーンや内容を修正するなどの改善（A）を加えて、角度を変えた笑い話に進化させてご披露しました。その中からうまく笑いを引き起こす展開に変えられたものもいくつもありました。

こうして営業に出て約3年。飲み会を中心に「笑いをうみ、磨きをかける」実践を続けた私は、「強面の堅物」から「ダジャレ好きの面白い人」に見事に大変身したのです。

「自分が変わらなければ周りも変わらない。自分が変われば周りも変わる」ということが笑いのPDCAを回すうちにわかったのです。これは自分のその後のビジネスマン生活を送るうえで大きな発見、武器となりました。

## （2）PDCAで笑いを変える

笑いをうむダジャレやジョークは一朝一夕にはできません。思い切ってダジャレやジョークを言ってみたものの予想外にウケずに場がしらけたり、冷ややかな視線を浴びたり、さらには失笑を買ったりするなどで恥ずかしい思いをした方もいらっしゃるでしょう。

私も営業職についた三十代半ばごろから人前で笑いをうむ楽しさや魅力がだんだんとわかってきて、思い切ってお客様や同僚の前でダジャレやジョークを言うことに挑戦し始めました。ウケずにスベって恥をかいたことが何回もあります。今から思うと真面目な性格も持ち合わせていたので、それがまだどこかで作用して笑いをうむのにストップをかけていたのかもしれません。ある方から「面白いダジャレやジョークを言っているようだけど、目や顔は笑っていないね」と指摘されたことがありました。それを聞いて少しは気落ちしましたが、それでもダジャレやジョークで人を笑わせることをあきらめはしませんでした。

と言うのも人を笑わすことは善行で周りも自分も楽しいわけですから、「私は周りに善い行いをしているのだ。自分も楽しい」と自分に言い聞かせました。自分の性格も真面目さを少しは残しつつ、極力明るくして笑いがうまれるまで努力してみようと思いました。笑いをうむにはセンスも必要なのでしょうが、笑いがとれない大方の原因は面白くするための努力が足りないのです。ウケなかったのにはそれなりの理由、原因があるはずです。私はその理由、原因を探り改善していく努力をしました。ダジャレやジョークを言う時は、まずは自分の目や顔も笑うようにしました。「和顔施」（わげんせ）の実践です。

私は人（お客様）に提供する「笑い」についてもＰＤＣＡの手法を取り入れて、品質向上を図れるのではないかと考えました。笑いも人に対してのサービスの一環ですからこの手法を応用できないはずがありません。笑いに磨きをかけていく取り組みです。たかが「笑いをうむ」のにＰＤＣＡサイクルは大げさではないかと思う方がいるかもしれませんが、ダジャレやジョークの質を上げていくには一番わかりやすい考え方、やり方です。

言い放ったダジャレやジョークのどこがよくなかったのか（Ｃ）、どうすればウケて笑いが起きるようになるのかをよく考え、それまでとは違う取り組みをして進化させていく（Ａ）ことで道が開けてくるのがわかりました。失敗を繰り返し試行錯誤しているうちに人を笑わせるコツ、要領が掴めてきたのです。失敗の中から学ぶことが笑いをうむことにつながりました。

行き当たりばったりで、たまたま笑いがとれても「どこの何がよかったのか」がはっきりしていないと次回以降に活かすことができません（Ｃ）。その場限りの笑いで終わってしまいます。またあまり笑えないような否定的、後ろ向きのダジャレを言っては盛り上がりを欠いてしまう、いや盛り下げてしまう心配もあります。

できれば洗練された前向きなダジャレやジョークで笑いを引き起こせる仕掛け人でいたい。そんな人気者であれば、その人がそこにいるだけで宴席や会合はいつも盛り上がります。職場の空気も変わります。毎回ダジャレやジョークで笑いをとれる人は自然と自分の中でこのPDCAを回して、試行錯誤を繰り返しながら前向きに笑いに磨きをかける、品質改善に取り組んでいるのです。

## 笑談73 ▼笑いの進化Ⅰ

「笑いをうむ」のに私が実際にどのようにPDCAサイクルを回しているのかを笑談でご紹介します。まずP（解決すべき課題）の設定ですが、今回のP（課題）は「鶏料理とダジャレが好きなお客様との再度の宴席で笑いを引き起こし、さらに懇親を深める」です。そのPを達成するためにまずP（計画）を考えます。

前回の宴席はそのお客様の好みを考えて、おいしい鶏肉の料理が味わえる中華料理店を計画しました（P）。前菜の蒸し鶏の胡麻だれソース（バンバンジー）に始まり、鶏肉とカシューナッツ炒め、北京ダック、さらにはメの中華風鶏ソバまでいろいろな鶏肉を使った料理が出て、鶏好きのお客様も大変に満足されていました（D、C）。

一方、ダジャレは「トリあえず、トリ皿を配ります」に始まり、「トリ肉が油で滑ってトリにくい」「トリ料理が数々出てくるのでトリ違えた」「トリトメもなく料理が出る」などが飛び出しました（D）。料理の味はとてもよかったのですが、それにひきかえ飛び出したダジャレの味、キレはイマイチだったようなので、お客様は乗るに乗れない、盛り上がりに欠ける展開となりました（C）。

今回の宴席はまた鶏肉中心の中華料理というわけにはいかないので、趣向を変えて焼鳥なども食べられる和食の店を設定しました（A→P）。料理の方は「おいしい」との評判の店なので安心ですが、心配はダジャレの出来です。そこで前回の宴席で出たダジャレのどこがよくなかったのか、どうすればいいかを考えました（C、A）。

どうももう一度振り返って、前回出たダジャレを評価してみると（C）、「トリあえず」とか「トリにくい」とか「トリ違えた」とか「トリトメもなく料理が出た」など、なぜか否定的な言葉使いのダジャレに終始していたことが判明しました。これではお客様も心底、前向きに笑えなかったのかもしれません。

そこで今回は同じように「トリ」という言葉を使うにしても、前向きな言い方、表現になるように工夫してみました（A）。例えば「トリトメもなく料理が出た」ではなく「色トリドリの料理が出た」といった否定しない表現です。とにかく「なく」とか「にくい」とか「ず」とか否定的な言い方は極力避けることにしました。

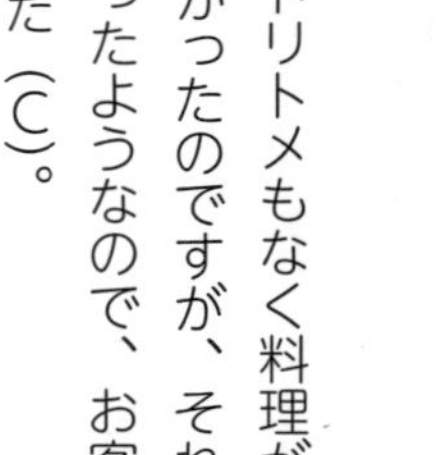

そして宴席を迎えました。案の定、焼鳥をはじめとして出る料理はどれもおいしくお客様は十分に満足されている様子です(D、C)。心配のダジャレの方はどうだったでしょうか。備長炭を使った焼鳥の焼き方の話になったところで「炭でじっくりと焼くと肉に火がトーリやすくなるのでおいしいのですよ」とちょっと前向きなダジャレが出ました(D)。これは以前ならトリニクにこだわるあまり、「火がトーリニクイから炭を使う」などと否定的な言い方になっていたに違いありません。前回の反省が生きました(C、A)。さらに「スミからスミまで、仕事へのトリクミ方にも熱と火が通っている」などのジョーク、ダジャレも飛び出してお客様も大笑い。何か皆さんの発言が前向きになって、座が盛り上がっていくのがわかりました。

お客様からも「今日は何かダジャレも前向きでしたね。これならいいおトリヒキ(取引)が続けられますね。またやりましょう」といった締めのジョークも飛び出しました。ダジャレ改善と炭火の効果で、遠赤(エンセキ)外線が当たったような熱い宴席(エンセキ)となりました。

私の持ちネタ、常套句のダジャレのほとんどは、こうして自分の中でPDCAを繰り返して回して取り組んでいるうちに磨きがかかったものです。場面に沿ったダジャレを計画して（P）、実践（D）、それがウケたり、ウケなかったり（C）、ウケなかった場合は出し方を変えたり、別のダジャレと組み合わせたりと手を変え品を変え（A）、何とか笑いをとれるまでに進化していった産物だと思います。

試行錯誤、トライ&エラーを繰り返すうちに笑いのコツ、ツボが飲み込めてきたと言ってもいいでしょう。試行錯誤、トライ&エラーを繰り返すうちにダジャレは単発ではなく、次々とたたみかけていく連続ワザに深化していきました。進化が深化をうんだとも言えます。トライ&エラーが安堵（&）をうみました。単発ダジャレがどう連続ワザに変化したのかを笑談でみてみましょう。

## 笑談74 ▼笑いの進化Ⅱ

飲み屋でご披露する私の持ちネタ、常套句のほとんどは最初は単発芸だった（D）ものが評価（C）、修正（A）を加えて連続ワザに進化したものです。例えば笑談6でも紹介しましたが、最初は「うすめの焼酎水割り」というダジャレも、単なるオーダーが徐々に変化していきます。

オーダーを取りに来た若い女性の店員さんに「うすめの焼酎水割り」を注文しながら「私はウスメだけどあなたはムスメ。私はお酒も髪の毛もウスメです」と一言（D）。そこで店員さんが笑ってくれればしめたもの。「氷は少なめにね。いっぱい入れるともうコオリゴオリ」とたたみかけます（D）。「何か面白いことを言うお客さん」という印象は持ってくれたようです（C）。

次に飲み物のお替わりを頼みますが、また「うすめの焼酎水割り」では芸も面白みもありません。そこで「うすめのハイボール」を注文します（D）。「こんどはうすめのハイボールね。うすいから低め。ハイボールでなくローボールだね」。ハイボールでないローボールの〝変化球〟が通じてしてくれればしめたもの（C）。「ジャックダニエルのハイボールはおいしいから飲み過ぎて危険かな。ハイジャックだからね」（A）とたたみかけます。

こんな感じでやり取りができれば、笑いに磨きがかかった成果が出た感じです。気をつけたいのは自分がウケて調子に乗っていると、一緒に飲んでいる仲間からひんしゅくを買いツマハジキになることです。まして妻と一緒にいる時に若い女性の店員さんにこんなふうに調子に乗ってジョークを言ってデレデレしていると、本当にツマハジキになってしまいますから。

## 2. PDCAを掘り下げた考動力が知恵をうむ

自分の改革や笑いの改善にＰＤＣＡを活用しているうちに、私はこれをかねてより行動のキーワードとして捉えていた「考動力」と結び付けるようになっていました。この「考動力」は今から25年以上も前に聞いた言葉です。味の素の元会長だった故鈴木三郎助氏がお話しされたのを聞き、自分の頭に強く刻み込まれたキーワードです。「ただやみ雲に動き回るのではなく、きちんと自分の頭で考え判断して動く」ということだと思います。「人間は考える葦」なわけですから「頭を巡らせて動け！」ということではないでしょうか。

ＰＤＣＡはさまざまな取り組みを改善、解決していく優れた手法ですが、「考動力」の観点から考えるともっと具体的になります。例えばＰＤＣＡでは「Ｐは計画を立てる」ことですが、それでは「計画を立てる」には具体的にどういう力・取り組みが必要なのでしょう。私は私案（試案）としてそれを「考動力」の観点から「備える」力・取り組みと思案しました。この「備える」という力・取り組みは主に①課題を設定する②調べる③計画を書き出す―という3点で考えればいいのではないかと想定しました。

①の「課題を設定する」ことはＰ・ＰＤＣＡのはじめのＰに当たります。「備える」力・取り組

みの中にこれを盛り込みました。この「課題を設定する」Pがしっかりしていないと、何のために「考動力」を発揮しようとしているのかが明確になりません。これはP・PDCAでも言えることです。そしてもうひとつのP（計画）も「備える」取り組みとして捉えます。

②の「調べること」も重要な「備える」取り組みです。われわれの頭の中には知っていることも多く蓄積されていますが、広い世間、世の中で起きていることから見ればほとんどは知らないことばかりです。しかし「備える」動きをする時に「知らないことばかり」では先に進むことはできません。そこで「調べる」「リサーチする」ことが重要になってきます。「調べること」によっていろいろなことが明らかになり、進むべき方向、判断するための材料がそろってくるのです。

③の「計画を書き出す」ことも「備える」力・取り組みには欠かせません。

課題を設定して調べていくうちに、自分の立てる計画のあらましがぼんやりと姿を現します。そのぼんやりとした計画を書き出すことによって、より全体像がはっきりとしてくるのです。頭の中にあったイメージを実際に書き出すことによってそれが「計画」としてクローズアップされるのです。実際に書いているうちに新たなアイデアや方向性が浮かんでくることもあります。

同様にDCAについても「考動力」の観点から掘り下げてみました。Dの「実行する」ということを具体的に考えると「受ける」「発する」力・取り組みが思い浮かびます。この「受ける」の具体的な動きとしては④聞く⑤感じる⑥洞察する―の3点が主に考えられます。

「受ける」ことは「備える」からつながる力・取り組みです。④の「聞く」は「調べる」に通じることですが、いきなり自分が動き出すのではなくまずは受け身的に相手の話を聞いたり、対象となる事柄に対して自分の耳で確認したりする姿勢です。これによって自分の心が何かを「感じる」⑤ことになり、またそこからさまざまなことを「洞察する」⑥取り組みが出てきます。この「聞いて感じて洞察する」姿勢は対象をじっくりと観察する動きとなります。「考えて動く」力・取り組みのもととなります。

「発する」は⑦見る⑧話す⑨伝える―の3点ではないでしょうか。「受ける」の次の段階です。まずは相手や対象となる事柄を自分の目でよく「見る」⑦、見通すことです。ここまでで取り組む課題や計画の推進に必要な事柄の様相や性質、体裁などがかなりはっきりとしてきます。さらに実際に話したり⑧、伝える⑨ことによって、それがさらにしっかりと確かめられ、明確化します。こちらの力・取り組みがいよいよ受け身から転じて対象に作用する段階になります。

Dの「実行する」働きとして「深める」という力・取り組みも考えられます。より掘り下げる対応です。これには⑩踏み込む⑪交流する⑫確認する―という3点を考えました。「踏み込む」というのは「笑談」などで人の心により深く入り込んでいく取り組みです。「雑談」でも相手にお近づきにはなれますが、表面的な対応で終わってしまう恐れがあります。「笑談」によってもう一歩踏み込めれば、それによってそれまで表面的にしかとらえられなかった相手や事象のもっと深い部分が学べるようになります。タテに進む動きとも言えます。ツッコミュニケーションの取り組みです。さらに交流することによって取り組みは広がります。これはヨコへの展開とも言えます。こうしてタテに深く、ヨコに広がった展開をじっくりと確認します⑫

「深める」取り組みのあとは「評する」力・取り組みということです。これには⑬相手を想う⑭自分を想う（磨く）⑮吟味する—という3点を考えました。これはＣ（評価）そのものです。まずは相手や対象となる事柄について今一度しっかりと想うことです。それに寄り添えるか、本質、本音を見極められるかです⑬。これによって不足している点やこちら側の足りない点も浮かび上がってきます⑭。自分を想うことは自分を棚卸することです。これによって延長線上で物事を考え動きがちだった自分を顧みることができます。そこで自分の至らないところがあれば反省し自分を磨きます。

相手を変えようと思っても変わるものではありません。あくまでも自分を想い変えることです。それを「吟味する」⑮ことに活かしていきます。ＰＤＣＡを提唱したデミング博士は後年CheckのＣをStudyのＳとしましたが、相手を想い、自分を想い（磨き）、吟味することはまさに学習（Study）なのです。

そしてＡから次のＰにつながっていく取り組みとして「整える」力・段階があります。私はこの「整える」力・取り組みとして⑯「仕分ける」⑰「改善する」⑱「見える化する」―の3点を挙げます。

ここまでにいろいろと集まってきた情報は膨大なものになります。これをきちんと分類しておかないと課題解決や計画の実行にうまく活かせません。「仕分けする」(⑯)ことは無駄なものを排除し必要な情報、材料を残してくれます。

そしてその仕分けされた情報、材料をもとに計画に改善を加えるのです(⑰)。この考動力のもととなる力の「整える」の要素である「改善する」取り組みは、ＰＤＣＡの中のＡ(Action)そのものです。

改善された計画を整えるにはそれを「見える化する」(⑱)必要があります。俯瞰図や相関図、完成図、一覧表などを創ることによって、改善された計画は具体的にわかりやすい姿として捉えられるようになります。「見える化」によって抽象的な文章が並ぶ中から想像するよりもはるかに具体的なイメージが浮かびます。

そして具体的になった計画を紙に書き出すことによって、これが鮮明に認識できる形になります。自分だけではなく人や周りに対しても、計画が具体性を持って示される＝見える化される(⑱)ようになります。私はある部署にいた時に上司への報告書や役員会に提出する資料づくりを担当しましたが、「Ａ４版1枚にまとめる」ということが基本でした。その訓練を受けたお蔭でその重要性を認識するところとなりました。

こうして仕上がった計画が相手に投げかけられ実行され、結果（課題解決）が出ます。その結果の評価によって場合によっては改めて改善や修正が行われ、また磨きがかけられた新たな計画となっていくのです。こうしてＰＤＣＡのサイクルと同様に、考動力のもととなる力・取り組みのサイクルも回るのです。

以上の「備える」「受ける」「発する」「深める」「評する」「整える」という6つの力＝取り組みと、それぞれを細分化した①～⑱の取り組みを私案としてご紹介しました。これらを併せて、24の力・取り組みともいえる動きが「考え動く力」、すなわち「考動力」のもとだと考えます。私はこの24の力・取り組みがあればしっかりとした計画を立てられ、かなりの課題にも対応していけると確信します。これらに真摯に取り組めば「考動力」を存分に発揮することができます。私自身がこれで考動し多くの成果を得ることができたのですから。

仕事をきっちりとこなす人や偉業を達成する人の動きを見ていると、必ずこうした対応を実行しているのがわかります。スポーツの世界でも優れた結果を出している人は、まずはじめの「備える」段階からしっかりと取り組んでいます。メジャーリーグベースボール（ＭＬＢ）で活躍するイチロー選手や、二刀流で華々しいデビューを飾った大谷翔平選手も「備える」ことからしっかりと対応しているのは皆さんよくご存じのことです。

大谷選手は花巻東高校時代に佐々木監督から「100％の力を出すためには200％の準備をしろ」という教えを受けて取り組みました。これによって準備力が備わったのだと思います。元チームメイトも「花巻東高校はネクストのネクストまで準備する」と言っています。確かに大谷選手の出る試合をテレビ中継で見ていると、大リーガーになった今でもネクストバッターズサークルに入る前にベンチの中で打席に入る準備をしている姿が映し出されます。

さらに感心するのはすでに高校1年生の時に同監督の指導のもと、目標達成シート（マンダラチャートの応用）で自分の到達したい目標、それに向けての取り組みを明確化している点です。そうしたしっかりとした準備、取り組み、対応があって初めて今日の目覚ましい活躍があるのだと納得させられます。

この「考動力のもととなる力・取り組み」は**表1**に、「考動力」のもととなる6つの力のサイクルはＰＤＣＡと関連付けて**図4**に私案として示しました。

「知恵」とは「筋道を立て、計画し、正しく処理していく能力」ですが、これはまさにＰＤＣＡを回して改善を進め、「考動力」をもって取り組んでいく姿勢によってもたらされるものだと言えます。「考える葦」である人間にはだれにも身につけられる能力だと思います。

考動力のもととなる力・取り組み（表１）

| | 力 | PDCA | 取り組み |
|---|---|---|---|
| 考動力 | 備える | P | 課題を設定する<br>調べる<br>計画を書き出す |
| | 受ける | D | 聞く<br>感じる<br>洞察する |
| | 発する | D | 見る<br>話す<br>伝える |
| | 深める | D | 踏み込む<br>交流する<br>確認する |
| | 評する | C | 相手を想う<br>自分を想う<br>吟味する |
| | 整える | A | 仕分ける<br>改善する<br>見える化する |

考動力のもととなる力とPDCAのサイクル（図４）

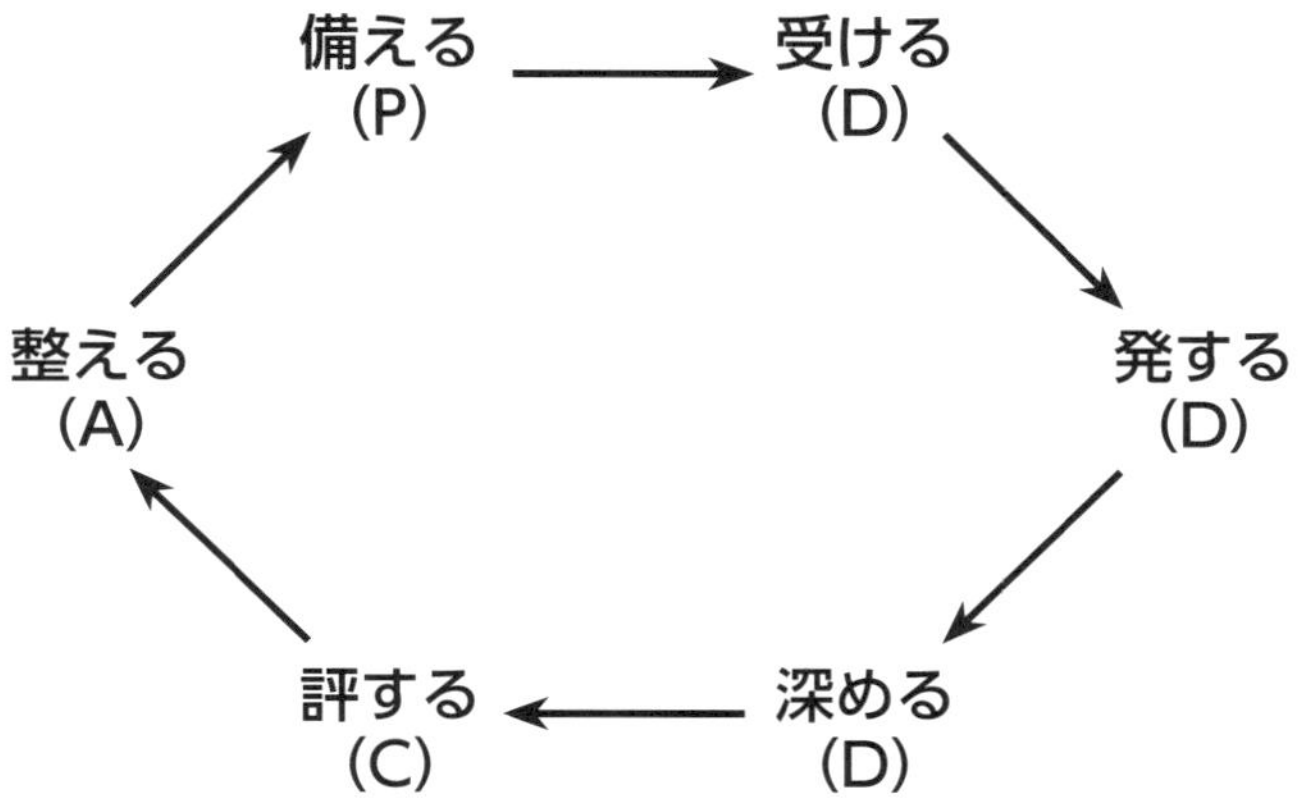

## 3. 考動力でマニュアル人間を脱出

「考動力」がどうして重要なのかは、その逆を考えればわかります。「考えて動かない＝他人の指示を頼りに動く」とどういう結果を招くのでしょうか。マニュアルや他人の指示にだけ従って行動する人は決まりきったパターンで動こうとします。ですからそのマニュアルや他人の指示を信じています。もしそのマニュアルや他人の指示が間違っていたらどうなるのでしょう。「間違っている」としてもいいですし、「世間の常識からずれている」としてもいいでしょう。その人の行動は必然的に「間違っている」「世間の常識からずれている」結果になってしまいます。

２０１７年４月に米国で起きた信じられない光景が目に浮かびます。米ユナイテッド航空でオーバーブッキングとなった乗客を機内から無理やり引きずりおろすニュース映像です。皆さんの中にもご記憶されている方が多いのではないでしょうか。オーバーブッキングした時のマニュアルにそうした対応が規定されていたので従業員はそうしたようですが一般社会、世間の常識から考えればとんでもない、信じがたい行動です。ちょっと自分の頭で考えれば、また自分がそういう立場になった時のことを考えれば、もっと別なオーバーブッキングの際のお客様への対応があったはずです。

そもそもその時にオーバーブッキングが起きたのは自社の乗組員を急きょ目的地に運ぶ必要が生じたため、4人の乗客がその対象となりました。そのうちの3人とはギリギリの交渉が成立したためことなきを得ましたが、残りの1人の方がお医者さんで、ご自分の患者さんを診るためにどうしてもその飛行機に乗って目的地に行かなければならなかったそうです。航空会社はそんな事情を考慮することもなく、マニュアルに従って強引にその方を機内から引きずりおろしました。しかも怪我までさせて。

いくら航空会社の規定にあるからと言って、これは自社の都合による暴挙であって決して許されることではありません。全くお客様本位でない対応です。そのことだけを考えても、あのような非常識な対応は取れないはずです。この暴挙を伝える映像はネットなどによってたちまち全世界中に拡散しました。自分で考えて動かない「マニュアルに沿った行動」が世間の非難を浴びる蛮行になってしまった例です。会社は慌てて事態を取り繕おうと対応しましたがもう後の祭り。大炎上となってしまいました。航空会社の炎上はいただけません。

長い間、その組織の取り決め、暗黙の了解の中で動いている人が「考動力」を発揮するのは大変なことです。ましてや「伝統や格式」を重んじる世界では時としてその対応が「世間常識」から乖離してしまうことが起きます。

2018年4月に京都府舞鶴市で行われた大相撲の春場所巡業の土俵上で、挨拶をしていた市長が体調を崩し突然倒れました。観客席にいた女性が数人、これは一大事とばかりに駆けつけ、土俵に上がり救命措置の心臓マッサージを施し始めました。

その時「女性の方は土俵から降りてください」という場内放送が流れました。それも1回ではなく何回も繰り返し。それを聞いて戸惑いながら慌てて土俵から降りようとする女性の姿が映し出されていました。市長はその後駆けつけた救急隊員によって病院に搬送され事なきを得ましたが、土俵上には大量の清めの塩が撒かれたそうです。この世間常識から外れた一連の対応に対して、公益財団法人でもある日本相撲協会への批判が高まりました。

大相撲は「伝統と格式」を重んずるスポーツですが、こうした女性差別のような古い習わしも残ったままになっているようです。最近の大相撲の人気を支えているのが多くの女性であるにもかかわらず、こうした女性蔑視とも受け取れる対応になってしまっています。これなども伝統と格式を重んじるあまり常識で考えれば決してとってはいけない行動をとってしまう罠に陥ってしまっています。

場内放送を担当した人はマニュアルに従って行動したのでしょうが、組織としてこうした対応が世の中に受け入れられるのかどうかを精査しなければなりません。古い体質が残っていることによって、世間常識を超えた暴力問題などもいまだに起きています。相撲界が一丸となって「考動力」を発揮して体質改善に取り組む必要があります。「取り組み」はお手の物なのですから。せっかくの相撲人気に胡坐をかくことなく対応してほしいものです。一大相撲ファンとしてもそれを望んでいます。

絶対的な力を持った人がトップにいて、その人の指示に従わないと生きていけないというような環境であれば、ほとんど自分で考えた動きは取れません。しかしそのトップの決めたルールに従って行動したことが世間を騒がす大きな出来事、大ニュースとなってしまった事例があります。

2018年5月の日本大学アメリカンフットボール部の選手が定期戦で関西学院大学の選手に危険なタックルをした問題です。

否定するものの、悪質なタックルを指示したと思われる日大アメフト部の前監督、前コーチ。そして生き残るためにやむなく指示に従って行動してしまった日大の選手。絶対的な権力の下で日大の選手はその指示に従わざるを得ない、追い込まれた状況でした。その時に「相手を怪我させるような危険なタックルを仕掛ける」ことがスポーツマン精神に背く、やってはいけないプレーであることを選手は考えられるような状況ではありませんでした。しかしその悪質なタックルがSNSなどを通じて世間に拡散し非難を浴びるうちに、同選手は「とんでもないことをしてしまった」と後悔したのです。

そのことによって同選手は前監督、前コーチからの呪縛から解放され、自分の心底の気持ちに従って顔と実名を出して記者会見で相手の大学、選手にお詫びする道を選びました。自ら考え動いた「考動力」が発揮されたのです。正直に気持ちを伝える同選手の態度はとても立派で心打つものがありました。それに引き換え日大アメフト部の前監督、前コーチの言い訳がましい、すっきりしない会見は何だったのでしょう。多くの人がその好対照ぶり、違いを感じたことでしょう。

かつてＮＦＬ（ナショナル・フットボウル・リーグ）のチームを率いたある監督が「優秀な人は自分自身を責めるが、並の人間は他人を責める」と言っていたのを思い出しました。

日大の選手は自分が犯した過ちを正直に認め反省し、そして自分で考え勇気をもって動いたのです。それによって同選手への評価は大きく変わることになりました。「悪質なタックルを犯した危険な選手」から「自分の非を詫び勇気をもって考動した人」として。

同選手は「自分はもうアメリカンフットボールをする権利はない。アメリカンフットボールから離れる」という決意です。それを聞いた関西学院大学の悪質タックルを仕掛けられた被害者の選手が怪我から復帰した試合の後で日大の選手に向けて「選手として戻って、グランドで正々堂々と、ルール内で勝負できたらいいな」とのコメントを述べました。このスポーツマン精神あふれる言動にも各界から称賛の声が上がりました。

マニュアルや他人の指示を頼りに行動している人は、もしそれらがなくなってしまった場合にはどうなるのでしょうか。おそらく右往左往してどちらに進んでよいのかがわからなくなるのではないでしょうか。

マニュアルに従うだけの行動パターンから抜け出すことは容易ではありませんが、しかしそれから脱却して自分の頭で考え動いていくことの重要性は多くの方が語っています。サントリーホールディングスの新浪剛史社長は「考えて動ける人材が育たなければだめ」とリーダー論の中で話されていました。ファーストリテイリングの柳井正会長兼社長も戦略として「上司が決めたことを実行するのではなく、自分が発案して仕事を決める」ように組織を変えていくと発言しています。

今求められているのは、マニュアル人間からの脱却、「考動力」のある人材です。人間は地球上で最も知的レベルの高い生命体なのですから、だれでもそうした資質があり訓練することによって「考動力」を身につけることができます。決まりきったことをやっていては成長が望めない中で、臨機応変に動く取り組みである「考動力」が今こそ求められ威力を発揮する時代となっているのです。

# おわりに

本書を最後までお読みいただきありがとうございます。「笑談力」「考動力」を活かせば「働く方」「働く場」が前向きにイキイキとし、職場の空気が変わることにご賛同をいただけたでしょうか。ぜひ本書で紹介した笑談の数々を参考にしていただき皆さんが明るく、楽しく、温かさの溢れる人生を歩んでいただければうれしい限りです。

拙著「笑談力」の「おわりに」の中で紹介しましたが、会社人生が終わった人になるのを契機に自分が将来的に取り組む目標(対象)をアルファベットで考えました。まず基本的にA、B、Cからは退職と同時に離れることにしました。AはAccount、BはBusiness、CはCorporateです。そしてとりあえずD～Kに注力しようとしました。DはDrive、EはEnglish、FはFamily history、GはGolf、HはHealth care、IはInternet、JはJoke&Jazzです。

この中で一番熱心に取り組めたのがDriveです。自動車教習所のペーパードライバーのためのコースに通い運転を再開したことで、自分を含めた家族の行動範囲が大きく広がりました。車や運転に関する数々の新たな笑談がうまれたのも運転再開のお蔭です。Englishは使う機会もほとんどなく必要に迫られないので疎遠状態、Family historyは菩提寺の過去帳を調べたり人に話を聞いたりしてぼちぼちの進展、Golfはますます熱意が薄れ誘われればお付き合いでプレーする程度、Health careは身体の好不調の波に何とか対処(療法)している状況です。

Internetは本書でもご紹介したSchooのインターネット生放送授業の講師を務めたり、日々ダジャレ創作に力を借りたりで、こちらはDriveと同じようにかなりの力の入れ具合です。そしてJokeも「1日1ダジャレ」の取り組みをベースにすっかり日常化しました。たまにある仲間内の飲み会やゴルフ会は、たまったJokeの発散場所になるので参加者はたまったものではありません。Jazzはこのところコンサートに行くことはご無沙汰ですが、心を癒したい時にCDなどを聞いております。

本書の出版を契機に残りのアルファベットについても新たに取り組むことにしました。２０２０年までの2年間にこれまでのD～Jに加えてK～Sに挑戦します。

Kは Kitchen。「男子厨房に入る」ということで実はこれはもうすでに実践中です。こちらもインターネットの検索サイトの力を借りて得意料理のレパートリーを広げつつあります。麻婆豆腐、ブリ大根、鶏肉とカシューナッツの中華風炒めなどがマイレシピとして加わりました。「まー、ぼーとしながら料理の無茶ブリをしている」感じですが。

LはLearn。こちらも「Learn from mistakes」（失敗から学ぶ）ですでに長年に亘ってやってきていることですが、ほとんど進んでいないEnglishと今回新たに取り組むQuizを一緒にして、一石三鳥で挑戦できる英語クイズを勉強してみようかと思います。「a farm animal with short legs, a fat body, and a curved tails」が何かというと、答えはpig（ブタ）だそうです。これなら苦手な英語もクイズで楽しく学べるかもしれません。何か違った角度からの「笑談力」もつきそうな気がします。

Mは Music。すでに Jazzは私の心の癒しの音楽になっていますがバロック音楽にも一段と浸りたいと思います。私の兄の娘、姪の平崎真弓はドイツを中心にヨーロッパでバロック・ヴァイオリンの奏者として活躍しています。日本での演奏会もこのところ毎年開催されているのでそこに参加する一方、CDも聞き耳を鍛えたいと思います。パイプオルガンの音にも惹かれるものがあります。Rの先の目標、取り組みになりますがTravel、Vacationでドイツに往き姪の演奏を聞く機会を創りたいと思っています。

NはNiigata（新潟）です。2020年の東京オリンピックが終わったら新潟に移住する予定です。別にオリンピックに選手として参加することはないのですが区切りとしてはいいタイミングだと考えています。本書でも「ヨウシイクゾウ」で新潟に養子に行った話をご紹介していますが、いよいよ踏ん切りをつけて新潟に住む準備を進めています。雪かきにはちょっと苦労するかもしれませんが……。

NではNamingにも興味があります。本書でもダジャレを活かしたネーミングについて取り上げましたが、しゃれたネーミングは人々の心に残り楽しい気分にさせてくれます。ダジャレを活かしたネーミングで町おこしができたらいいですね。「クロワッサン」ならぬ「シロワッサン」が置いてあるパン屋さんなどはとてもステキで魅力的です。

Ｏは今ご紹介したOlympic。２０２０年に東京でオリンピックが開催されるのは実に56年ぶりになります。前回、東京でオリンピックが開かれた時、私は中学2年生でした。やっとわが家に入ったテレビで中継を見たことをぼんやりと覚えていますが、生で競技を見るチャンスはありませんでした。恐らく東京で自分の目でオリンピックを見られる機会はもう来ないでしょう。ぜひ自分の目で生の競技を見てみようと思います。

Ｐはparty。仲間内の飲み会は名幹事が設定してくれるのでありがたいことです。親族が顔を合わせるのは冠婚葬祭などが多いのですが、何かテーマを決めて親族が集まれる機会をより多く持てるといいですね。家系図や面白い話、失敗談などを携えて交流できればFamily historyと近況、懇親の確認の場にもなります。

別にそこで自分がダジャレをご披露したいからではありませんが（もちろんそれは想定内のことですが）、自分たちの普段の生活優先で疎遠になっている親族がルーツ話や近況報告に花を咲かせる機会があるのはとてもいいことのように思います。両親が健在のころは親戚中が集まってワイワイとやったのですが、だんだんとそうした機会も少なくなっています。これは飲み会と一緒でだれかが仕掛けないとなかなか実現しません。そのだれかの役を私がやってみようと考えています。

ＲはRent a carです。昨年も旅行先でレンタカーを借りてドライブを楽しみました。本当にペーパードライバーを卒業し運転を再開したお蔭で行動範囲が広がりました。新幹線や飛行機とレンタカーを組み合わせればいろいろなところへ充実した旅行ができます。北海道も広いので限られた場所にしか行ったことがありません。レンタカーを借りて行ってみたいところが北海道にはいろいろとあります。

最後のSですがこれはShoppingです。車に乗るようになったことで買い物は私の重要な日課となりました。行きつけのスーパーやショッピングセンターはいくつかありますがそれぞれに特徴があり、並べている商品、サービスにも違いがあります。魚はどこの店が安くてうまい、野菜はどこ、肉はどことすっかり目利きができるようになってきました。まだ地産地消の道の駅などには足が延ばせていないのでドライブがてら、車で行ってみようと計画しています。

そしてSはもうひとつ。川柳（Senryu）への挑戦を続けることです。本書でもはずかしながら自作のダジャレ川柳などをご紹介しましたが、もう少しきちんと勉強したい。こちらはLearnにも関係して来ますね。企業や団体が募集する川柳があれば積極的に応募して自分の腕とレベルを確かめたいと思います。

以上、勝手に自分がこれから２０２０年を目指して取り組む目標をアルファベットに沿ってつらつらと書いてしまいましたがお許しください。「キョウイク」「キョウヨウ」が大事な定年退職組にとっては、こうして自分の「行くところと用」を鮮明にしておかないと「小人閑居して不善をなす」ことになりかねませんので。

本書をまとめるにあたってはビジネス教育出版社の大島加寿子編集部長、編集部の高山芳英氏に大変お世話になりました。

また応援してくれた妻の洋子、息子夫婦の登史、愛、孫の瑛史に感謝します。兄姉妹をはじめとする親族の皆さんからも励ましの言葉をいただきました。親族の集まるPartyのテーマは手始めに感謝を込めた本書の出版記念にしようかと思います。

そして感謝するのを忘れてはいけないのは私の小学校高学年の時の恩師である日台利夫先生に対してです。先生には私の持ち味である明るさを伸ばしていただきました。さらに感謝したいのは両親と養子先の家内の両親に対してです。私の父は２０１６年に13回忌を迎え、母は来年２０１９年に13回忌を迎えます。家内の両親は今年父が７回忌、母が３回忌を迎えました。生前共通して言っていたのは「周りに感謝すること」と「親族が皆仲良くすること」です。

これを忘れることなく「終わったけど、終わっていない」人生をしっかりと歩んでいきたいと思います。

本書を読まれて笑談力や考動力に興味を持たれた方はご一報ください。ご縁があれば交流したいと思います（kawariyasu@smile.so-net.jp）。

# 笑談の索引

笑談1 **キョウイク キョウヨウ**
大事なのは今日行くところがあるか、今日用があるか ▼P.1

笑談2 **挨拶**
おはよう、サン・シャイン（社員）サンと挨拶されたら ▼P.25

笑談3 **リッパなスリッパ**
足元からパッと輝くダジャレ ▼P.39

笑談4 **8階はヤッカイ**
役員のいる階にも足が向くように ▼P.43

笑談5 **7・3＝21**
そのきっちり分けた髪型はいつから？ ▼P.48

笑談6 **ウスメとムスメ**
飲み屋で発する常トーク ▼P.50

笑談7 **社長のイス**
いつも狙っている人がいます ▼P.51

笑談8 **逸髪芸**
一瞬で輝く一発芸 ▼P.53

笑談9 **こんばんは**
想定外の一言が笑いをうみます ▼P.56

笑談10 **オコサンデー**
日曜日の朝はゆっくり寝ていたい ▼P.57

笑談11 **ブタの散歩**
トン出る光景を目の当たりにしました ▼P.58

笑談12 **立けん主義**
立って話をするのが好きな人は ▼P.60

笑談13 **アップアップ**
売上増を狙う時は注意して ▼P.61

笑談14 **教官に共感**
自動車教習所の教官は時を経て変身していました ▼P.62

笑談15 **下のしでかし**
ショットならぬ犬が飛び出しそうになって ▼P.64

笑談16 **フンギリ**
フンギリの良さを信じたばかりに大変なことに ▼P.66

笑談17 **バキュームカー**
音と臭いで存在感がありました ▼P.67

笑談18 **戦場ヶ原**
尊い場所が〝洗浄ヶ腹〟に ▼P.69

笑談19 **お先でした**
お先の人がいるとお後の人もいます ▼P.70

笑談20 **落下**
実際に落ちると驚くやら痛いやら ▼P.71

笑談21 **トマト栽培**
目標の収穫数は? ▼P.73

笑談22 **いなり寿司**
いいなりはアブラ（ナ）ゲ? ▼P.74

笑談23 **メン食い**
メン食いにも限度があります ▼P.74

笑談24 **カレー**
カレーには年季が入ります ▼P.75

笑談25 **そら豆**
太陽のもとで育つからソーラー豆 ▼P.75

笑談26 **山かけ**
ネバリもあるけど危険もあります ▼P.76

笑談27 **ニラ**
料理にニラ味を効かせます ▼P.76

笑談28 **ブリ照り**
ブリとティッシュが出会うと ▼P.76

笑談29 **ダジャレカップ第2ラウンド**
池田、柴田、羽柴、丹羽の各氏の調子はいかに? ▼P.78

笑談30 **ユルハラ**
ユルキャラではありません ▼P.82

笑談31 **親指の思い出**
親の心も動かした大怪我とは ▼P.84

笑談32 **濡れ衣**
知らず知らずに犯したる罪とがを許したまえ ▼P.86

笑談33 **ヒト番付**
取り上げ方によっては番付、ランキングでも笑えます ▼P.88

笑談34 **忖度**
さ行変書く活用で忖度を深掘りすると ▼P.90

笑談35 **SMAP解散**
じじいも寝ない残念な時事ネタでした ▼P.91

笑談36 **エスカレーター**
別れた場所か再会する場所か ▼P.98

笑談37 **自作川柳**
うがち、おかしみ、軽みがあるか ▼P.107

笑談38 **ショウジ・ハリカエ**
自己紹介で笑いと和やかさを演出 ▼P.117

笑談39 **イカさん**
お名前の通りのイカしたご夫婦です ▼P.118

笑談40 **鳥の鳴きマネ**
観察力とやさしさが決め手 ▼P.121

笑談41 **ツクツクボウシ**
セミの鳴きマネはジェスチャーの領域 ▼P.122

笑談42 **わたし祈ってます**
上司の切ない胸の内を替え歌で ▼P.124

笑談43 **よせばいいのに**
いつまでたっても駄目な○○ ▼P.126

笑談44 **犬の恩返し**
かわいがっていた犬からの思わぬご褒美 ▼P.127

笑談45 コジロー
ヤンチャだけどかわいかった愛犬との交流 ▼P.128

笑談46 かいそう
海藻サラダを買いそうなのはだれ？ ▼P.140

笑談47 火・木の人
それはどんな人でしょう ▼P.149

笑談48 かわり やすし
「ほっ」としていると人事異動に ▼P.150

笑談49 モンペとクワ
そんな名前のレストランがありました ▼P.153

笑談50 スモウアシコシ
相撲の基本は足腰です ▼P.154

笑談51 優等生
とにかく目立つために言う ▼P.156

笑談52 かわほり麺
ゴマかしのないイカ墨麺のお味は？ ▼P.159

笑談53 3点セット
席に座ればいつもの絶品セットが出ます ▼P.161

笑談54 ねぎらいの味
ねぎらいが好きになるねぎらいの味 ▼P.163

笑談55 ミートテック
まずは自分のお肉を何とかしましょう ▼P.164

笑談56 自転車の練習
漕げるようになるには苦難がありました ▼P.169

笑談57 穴掘り
人の土地で穴を掘ってはいけません ▼P.170

笑談58 火消し
とんだ火消し役になってしまいました ▼P.172

笑談59 母の散髪
〝お手製〟の仕上がり具合はいかに ▼P.174

笑談60 コロッケとカツ
どちらの味が濃かったのか ▼P.176

笑談61 世界史のトラウマ
「傾向と対策」で対処しましたが ▼P.177

笑談62 記事と恥のかき過ぎ
張り切り過ぎると限度を超えます ▼P.179

笑談63 流れない
流れないと慌てます ▼P.181

笑談64 布団を轢く
教習所では教えてくれません ▼P.182

笑談65 水難救助隊
2人で3台の自転車をどう運んだか ▼P.184

笑談66 エビ6ー食(ショック)な事件簿
淡い期待は見事に裏切られました ▼P.186

笑談67 アゴはずし
おおきなあくびは要注意です ▼P.188

笑談68 知ったかぶり
よくある思い込み、勘違いによる失敗 ▼P.190

笑談69 大当たり
大当たりしてはよくない場合と場所があります ▼P.192

笑談70 酔ゲイ
クジラのマネをしたわけではありませんが ▼P.195

笑談71 プリンテンプス
それって何語でしょうか ▼P.197

笑談72 雪かき
雪かきは安全と安心が重要です ▼P.198

笑談73 笑いの進化Ⅰ
否定的な言葉遣いでない前向きなダジャレとは ▼P.209

笑談74 笑いの進化Ⅱ
ダジャレをたたみかけていく連続ワザとは ▼P.212

## 著者略歴


川堀　泰史（かわほり　やすし）

**ビジネスユーモア研究家、ダジャレクリエーター**


1950年生まれ。1974年早稲田大学商学部卒業。同年日本経済新聞社入社。東京本社広告局配属。1996年東京本社広告局マーケティング調査部長、1998～1999年社長室、2000～2001年大阪本社広告局産業流通広告部長、2002～2003年電波本部副本部長、2004年東京本社広告局総務、2005年東京本社広告局長。2007年日経リサーチ常務、2008年日経BPアド・パートナーズ社長、2010年日本経済社社長、2014年日本経済新聞社顧問、2016年3月同社退社
日本新聞協会広告委員会委員長（2005年度）、日経広告研究所理事（2010～2013年度）、日本広告業協会理事（2010～2013年度）などを務める。

**＜主な論文＞**

・「価値観の変化と広告」（1976・日本新聞協会新聞広告論文賞佳作）
・「ニューマーケティング時代における新聞広告の可能性－顧客（読者）データベース構築に関する一考察－」（1985・日本新聞協会新聞広告論文賞入選）
・「新聞媒体から見た広告マネジメント」（1993・日経広告研究所報148号）

**＜主な著作＞**

「明日使える仕事術　笑談力　～思わず微笑むダジャレ108選～」
（2016・ビジネス教育出版社）

**笑談満載！　笑いのPDCAを回そう！**
**働く方・働く場改革　人と職場を活性化する笑談力・考動力**
**～笑いをうむ19《いっきゅう》のワザ～**

2018年10月7日　初版第1刷発行

著　者　川　堀　泰　史
発行者　酒　井　敬　男

発行所　株式会社 **ビジネス教育出版社**

〒102-0074　東京都千代田区九段南4－7－13
TEL 03(3221)5361(代表)／FAX 03(3222)7878
E-mail ▶ info@bks.co.jp URL ▶ https://www.bks.co.jp

印刷・製本／シナノ印刷㈱　　装丁・本文デザイン・DTP／タナカデザイン
落丁・乱丁はお取り替えします。

ISBN978-4-8283-0730-5
日本音楽著作権協会（出）許諾第1809073-801号